HAPPINESS IS A CHOICE

IN 6 SCHRITTEN ZU MEHR OPTIMISMUS

arsEdition

Für meine Mum, meinen Dad und meinen Bruder, die mir eine Welt voller Liebe und Lachen gezeigt haben.

Für meinen Mann, der eine Welt mit mir gebaut und sie dann mit Freude gefüllt hat.

Für meine wilden Kleinen, die die Welt heller machen, einfach nur, weil sie da sind.

Ich liebe euch.

EMILY EHLERS

HAPPINESS IS A CHOICE

IN 6 SCHRITTEN ZU MEHR OPTIMISMUS

Aus dem Englischen von
Kristin Funk

arsEdition

Inhalt

EINLEITUNG

Wähle Hoffnung

Als ich ein kleines Mädchen war, habe ich jedes Jahr auf ein ganz bestimmtes Geschenk vom Weihnachtsmann gehofft: einen Delfin. Obwohl meine Forderung ziemlich eindeutig war, hat sich Santa nie an seinen Teil der Abmachung gehalten. Allerdings muss man ihm lassen, dass er versucht hat, es mit vielen anderen Delfingeschenken wiedergutzumachen.

Offensichtlich hatte ich nicht genau verstanden, was Hoffnung eigentlich bedeutet (und auch nicht, was mein Lieblingsmeerestier grundsätzlich zum Überleben braucht, nämlich: einen Ozean). Ich dachte, Hoffnung sei ein Brief, adressiert an den Nordpol; ein Wunsch, den ich einfach ans Universum schicken konnte. Ich dachte, alles, was ich tun müsste, sei zu warten, bis das, was ich mir wünschte, schön verpackt und portofrei, an mich geliefert wurde.

Meine Vorstellung von Hoffnung
war etwas schräg.

Was ist Hoffnung?

Im weitesten Sinne ist Hoffnung der sehnlichste Wunsch, dass etwas Bestimmtes passieren wird. Wenn man die offiziellen Definitionen überfliegt, lernt man, dass Hoffnung auch mit einer gewissen Erwartungshaltung einhergeht. Auch wenn nichts garantiert ist, ist der Grundbestandteil der Hoffnung doch der Glaube daran, dass das, was wir uns wünschen, tatsächlich wahr werden könnte.

In Studien wurde herausgefunden, dass Menschen, die Hoffnung haben, besser mit Stress und Rückschlägen umgehen können, kreativer denken und eher ihre Ziele erreichen. Hoffnung ist außerdem ein wesentlicher Bestandteil des Lernens, der Motivation und der Verbesserung von Fähigkeiten. Hoffnungsvolle Menschen sind oft glücklicher und widerstandsfähiger; sie erholen sich sogar schneller von körperlichen Erkrankungen (vielleicht auch, weil sie hoch motiviert sind, bei ihrer eigenen Heilung mitzuhelfen).

Hoffnung ist essenziell, um unser Leben voll auszuschöpfen.

Aber seien wir ehrlich, ein kurzer Blick in die Welt kann genügen, um schnell alle warmen, flauschigen Gefühle der Hoffnung zu dämpfen. Klimawandel, Pandemien, Rassismus, Armut, Extremwetter, wirtschaftliche Unsicherheit – die Liste ist lang.

Kein Wunder also, dass so viele Menschen das Gefühl haben, dass die Welt dem Untergang geweiht ist. Kein Wunder, dass so viele von uns Ängste und sogar Panik empfinden, wenn wir an die Zukunft denken. Wenn die Zeiten schwer sind, ist es verdammt viel leichter, die Hoffnung zu verlieren, als sich an ihr festzuhalten. Wie können wir hoffnungsvoll sein, wenn die Welt so hoffnungslos erscheint?

Hoffen ist ein Verb

Zu erwarten, dass die Hoffnung ganz von allein zu dir kommt, macht dich von deinen äußeren Umständen und gleichzeitig einer Million anderer schwankender Faktoren (wie beispielsweise der neuesten Schlagzeile, die du vor fünf Minuten überflogen hast) abhängig. Auf Hoffnung zu warten, ist, wie auf einen dickbauchigen Mann zu warten, der einen Delfin deinen Kamin hinunterwirft. Es ist ein Wunsch, der vermutlich nicht in Erfüllung gehen wird. Aber was wäre, wenn wir aktiv Hoffnung wählen, statt auf sie zu warten und währenddessen in Gleichgültigkeit und Angst zu versinken? Was wäre, wenn wir die Hoffnung wie eine kleine Flamme nähren und sie mit neuen Visionen und inspirierenden Möglichkeiten füttern, mit kleinen liebenswerten Taten und ganz viel Mut, mit einer stärkeren Gemeinschaft und einem tieferen Sinn, bis die Flamme von allein leuchten kann?

Die Hoffnung braucht deine Mithilfe, damit sie bedeutungsvoll, effektiv und ermutigend sein kann. Hoffnung ist nicht einfach etwas, was du hast, sie ist etwas, was du tust. Jetzt, mehr denn je, brauchen wir Menschen und Gemeinschaften, die sich nicht nur Veränderung wünschen, sondern sie auch umsetzen, um den Weg in die Zukunft zu leuchten.

Das ist aktive Hoffnung.
Diese Hoffnung kann etwas bewirken.

Ich habe schon Hoffnungslosigkeit erlebt (und werde das sicher auch wieder erfahren), und ich habe dabei gelernt, nach bestimmten Schritten vorzugehen, wenn die Welt sich dunkel anfühlt. Diese Schritte helfen mir jedes Mal dabei, die Flamme der Hoffnung am Leben zu halten, auch wenn sie nur ein winziges Flimmern ist. Wenn ich mich dann wieder bestärkt fühle, entsteht aus diesem Flimmern erneut eine lodernde Flamme.

Dieses Buch bietet dir ein System, das dir dabei hilft, deine eigene Flamme zu finden, sie zu hegen und dadurch einen radikalen Optimismus für die Zukunft zu finden. Klingt verrückt? Vielleicht. Ist es einen Versuch wert? Und ob! Denn wir sitzen alle im selben Boot. Und unsere Zukunft hängt von unserer Fähigkeit ab, nicht nur auf eine bessere Welt zu hoffen, sondern sie auch möglich zu machen. Wir sind alles, was wir haben.

Aber, meine Güte, wir haben so viel. Los geht's!

Anmerkung der Autorin

Leider ist dieses Buch keine Tafel Schokolade – es kann nicht alle Probleme lösen. Wir leben in einer Welt mit sehr realen systembedingten Problemen, mit massiv ungleich verteilten Privilegien, unberechenbaren Naturgewalten und Regierungen, die manchmal Menschenrechte opfern, um ihre eigenen Interessen zu verfolgen. Es gibt wirklich ungerechte Dinge, die auf dieser Welt passieren.

Doch vergiss nicht, dass dieses Buch dich nicht dazu auffordert, ALLES zu tun. Es geht darum zu tun, was du tun kannst, in kleinen, einfachen Schritten, die dir dabei helfen, ein Gefühl von Hoffnung zu entwickeln.

Wenn du auf irgendeine Art und Weise mit etwas zu kämpfen hast, was über den Rahmen dieses Buches hinausgeht, sei dir bitte sicher, dass es Möglichkeiten gibt, dir Hilfe zu holen. Auf Seite 204 findest du eine Liste mit Telefonnummern und Organisationen, die dir weiterhelfen können.

Schritt 1

Dreh NICHT DURCH!

Das bin ich, circa 2010.

Hier war ich also und tat alle möglichen umweltfreundlichen Dinge. Ich habe Plastik verbannt, mein eigenes Gemüse angebaut und sogar einen Blog über meine Verwandlung zu einem echten Öko geschrieben.

Und die neueste Entwicklung in meinem Projekt „Öko-Kriegerin“:

Je mehr ich lernte, desto schuldiger fühlte ich mich, so lange an diesem korrupten System beteiligt gewesen zu sein.

Ich fühlte mich wie ein kleines, aber nicht unwesentliches Teil
in einem zunehmend komplizierter werdenden Puzzle.

Dann schaute ich eines Abends eine Dokumentation über die Überfischung unserer Meere an.

Ich konnte die Bilder nicht aus meinem Kopf verbannen. Riesige Fischdampfer, die sich auf unseren wunderschönen Ozeanen herumtreiben und mit gigantischen Netzen Schwärme von Fischen aus dem Wasser schöpfen. Rochen und Haie, die sich in dem Gedränge verhaken. Fische, die an Deck nach Wasser schnappen. Lieber wäre ich Freddy Krueger persönlich in meinen Träumen begegnet!

Also tat ich das einzig Vernünftige und beschloss, dass es meine Aufgabe (und nur meine) war, die gesamte Welt zu retten. Erschien mir logisch.

Sagen wir so, es war ein großer SPASS, mit mir zusammen zu sein.

Zu dieser Zeit machte ich unzählige Überstunden in einem undankbaren Bürojob. Mein langer Arbeitsweg bestand aus wildem Rumgehetze, vollgestopften Parkplätzen und verschwitzten Bahnfahrten. Jeden Abend kam ich erst nach Hause, wenn es bereits dunkel war, und fühlte mich ausgebrannt – physisch, mental und spirituell.

Am Ende eines besonders anstrengenden Tages sehnte ich mich nach einem Trostessen. Und wir alle wissen, was das bedeutet: Kohlenhydrate! Ich schrieb eine Einkaufsliste, doch sie bestand mehr aus Regeln als aus Zutaten.

Als ich durch den Supermarkt lief, wurde ich zunehmend verzweifelt. Meine loyalen Freunde namens Nudeln waren in Plastik verpackt. Die chinesischen Eiernudeln waren um die halbe Welt gereist, um bei mir zu landen. Die Maischips waren voller Palmöl. Absolut jeder meiner kohlenhydratreichen Verbündeten hatte etwas, das ich für fragwürdig hielt. Verräter!

In diesem Moment purer Verzweiflung fand ich mich vor dem Thunfisch-Regal wieder. Es sah mich an wie eine Art veganerzerquetschender Bösewicht.

Das hier war nur ein Regal,
in einem Supermarkt,
in einem Vorort,
in einem Land.

Wie viele Fische waren aus dem
Meer geangelt worden,
um so viele Dosen Thunfisch
zu produzieren?

Wie viele waren überhaupt
noch im Ozean übrig?

Ich rannte tränenüberströmt aus dem Geschäft.
Etwas in mir war zerbrochen.
Ich beschloss, einen verdammten Burger zu essen.
Ich fühlte mich wie eine Betrügerin.
Und ich gab auf. Und zwar alles.

Angst beginnt klein, wie Kieselsteine, die jemand wirft, um deine Aufmerksamkeit zu bekommen. Wenn du sie nicht beachtest, werden aus diesen Kieselsteinen erst Steinbrocken und dann Felsen. Wenn du dann IMMER NOCH NICHT reagierst, kannst du von einem Erdrutsch der Gleichgültigkeit mitgerissen werden.

Du weißt wahrscheinlich auch, wie es ist, vom schieren Ausmaß eines Problems völlig überfordert zu sein. Also los, mit welchem Brocken willst du heute deine Hoffnungen zertrümmern? Such dir einen aus!

Aber bevor wir überhaupt loslegen, lass uns erst mal den leichtesten Brocken wegschaffen, um die Last auf deinen Schultern ein wenig zu erleichtern.

Und tschüss! Denn das Letzte, was du gebrauchen kannst, sind Schuldgefühle, weil du nicht alles wissen, tun und sein kannst.

Die Probleme, denen wir uns stellen müssen, sind wirklich kein Witz.
Sie sind sogar voller Schmerz, und der kann aussehen wie:

TRAURIGKEIT

HOFFNUNGS-LOSIGKEIT

ANGST

WUT & EMPÖRUNG

FRUSTRATION

ERSCHÖPFUNG

Man kann nicht abstreiten, dass es manchmal wehtut, ein lebendiges, atmendes, liebendes Wesen in einer Welt zu sein, die nicht immer gerecht ist. Aber dein Schmerz ist der Beweis, dass dein Herz funktioniert.

Ein emotionales
Tortendiagramm
positive Gefühle
negative Gefühle
menschlich sein

Es kann verlockend sein, sich ein Leben ohne Schmerzen zu wünschen.

Die meisten von uns verbringen einen großen Teil des Lebens mit dem Versuch, Schmerz zu vermeiden. Deshalb sind unsere Apotheken und Schubladen auch mit Schmerzmitteln vollgestopft.

Klar, ein Leben ohne Schmerzen klingt nach einem Leben ohne Sorgen. Keine Angst mehr vor Spritzen oder dem Anhauen des kleinen Zehs oder einer Ganzkörperhaarentfernung, nach der man aussieht wie ein Delfin (wenn man das möchte). Allerdings wäre ein Leben ohne Schmerzen nicht so großartig, wie es klingt. Menschen mit der extrem seltenen Krankheit CIP (Congenital Insensitivity to Pain), bei der man keine Schmerzen spürt, berichten davon, dass ein Leben ohne Schmerzen mehr Fluch als Segen ist.

Sie haben meistens eine kürzere Lebenserwartung. Ihre Hauptsymptome sind häufig eine Ansammlung von Wunden, was zwei Gründe hat:

1. Ihnen fehlt körperliches Feedback (Schmerzen), und sie wissen so beispielsweise nicht, wann sie ihre Hand von einer heißen Herdplatte nehmen sollten.

2. Sie werden leichtsinnig, weil es für sie scheinbar keine Konsequenzen gibt. Sie fühlen sich unfehlbar und ignorieren ihre eigenen Grenzen.

Wie man sieht, sind Schmerzen tatsächlich lebensnotwendig.

Obwohl Schmerz wichtig ist, sollte er nicht dauerhaft sein.

Die Probleme dieser Welt und ihre Wichtigkeit zu verstehen, ist eine Sache: Seite an Seite mit ihnen zu leben und darauf zu warten, dass sie uns jeden Moment erdrücken könnten, ist eine ganz andere. Wenn wir diese negativen Gefühle nicht hinter uns lassen und stattdessen beginnen, in ihrem Schatten zu leben, verfallen wir ständig in Panik, und daraus wird schließlich ein Verhaltensmuster.

DIES	wird	DAS
Schmerz	→	Verbitterung
Traurigkeit	→	DEPRESSION
WUT	→	Boshaftigkeit
Sorge	→	ANGST
Schuld	→	Scham

Aber warum passiert das?

Lass uns einen kurzen Blick auf die Evolution werfen, um die Gründe zu verstehen …

Ein kurzer Blick

240 Millionen Jahre

Die ersten Dinosaurier (große Echsen) tauchten auf.

200 Millionen Jahre

Die ersten Säugetiere tauchten auf.

Wenn ich die ganze Evolutionsgeschichte des Menschen in einem Satz zusammenfassen müsste, dann wäre es: Echsen entwickelten sich zu Säugetieren, die sich schließlich zu Menschen entwickelten.

auf die Evolution

55 Millionen Jahre

Die ersten primatenartigen Säugetiere tauchten auf.

200 000 (klitzekleine) Jahre

Die ersten Frühformen des Homo sapiens (wir!) tauchten auf.

„Aber ich bin keine Echse mehr!“,

höre ich dich schon sagen, worauf ich antworte:

„Nicht wirklich, aber irgendwie schon …“

Wie wir alle wissen, kann man das Alter eines Baumes anhand seiner Jahresringe bestimmen. Es ist weniger bekannt, dass man so auch seine ganze Lebensgeschichte, sein Wachstum und seine Entwicklung ablesen kann.

Auf ähnliche Weise kann man auch am menschlichen Gehirn unsere Evolutionsgeschichte ablesen, von Echsen zu Säugetieren zu uns.

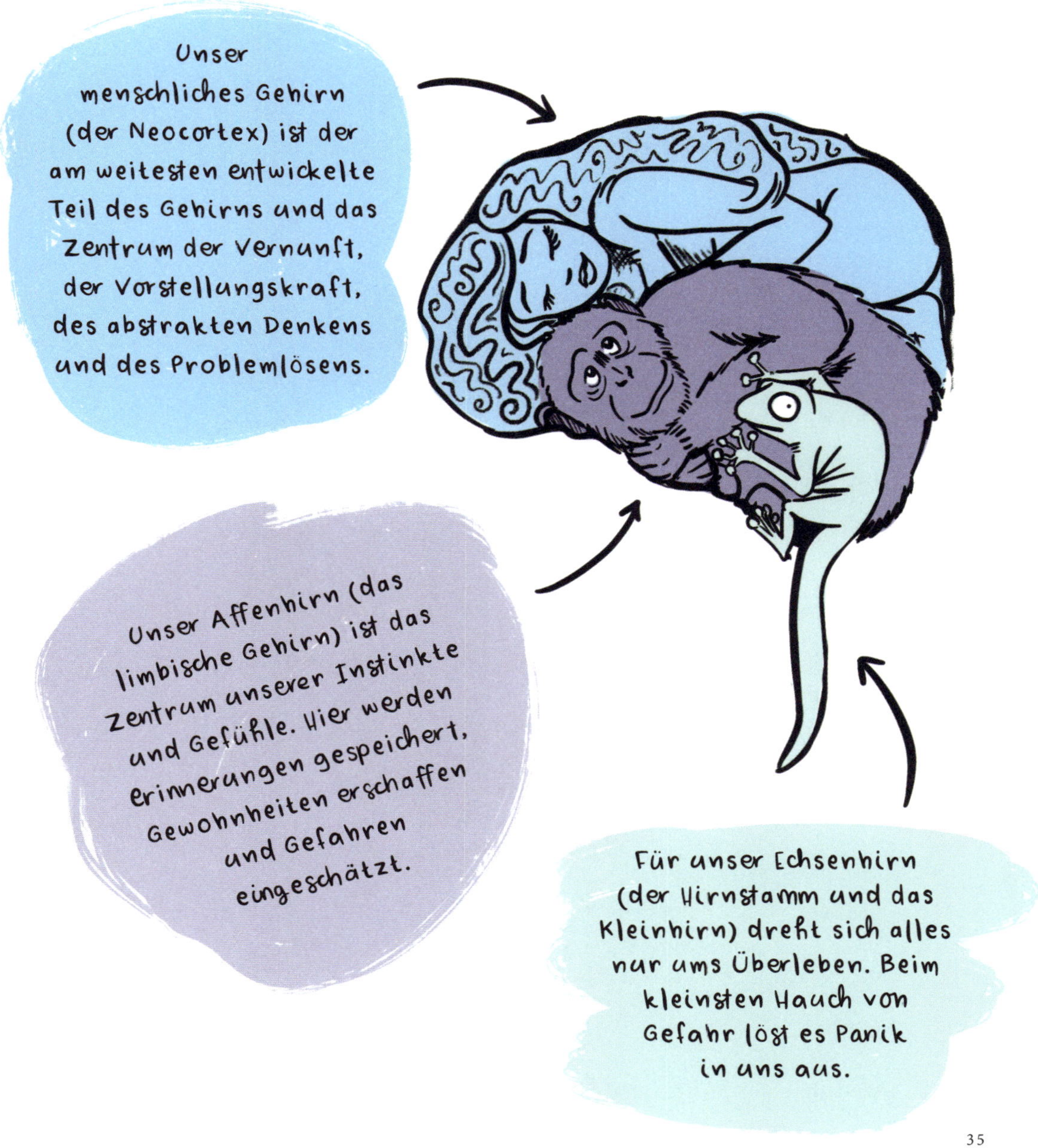

Jeder Teil unseres Gehirns hat eine wichtige Funktion.

Die oberste Priorität? Überleben!

Unser Gehirn hält ständig nach Gefahren Ausschau, und zwar bewusst und unterbewusst. Wird eine Gefahr erkannt, drückt es sofort den Alarmknopf – auch bekannt als Amygdala und ein winziger Tummelplatz von Neuronen. Die Amygdala nimmt den vernünftigen Teil unseres Gehirns als Geisel und gibt die Kontrolle über unseren Körper an das Echsenhirn ab. Wir schalten in den Überlebensmodus, bei dem es nur drei Möglichkeiten gibt: Kämpfen, Fliehen oder Erstarren. Wenn wir gerade von einem Bären gejagt werden, ist das eine gute Sache, denn in diesem Modus wird eine perfekte Mischung aus Hormonen ausgeschüttet, die uns dabei hilft, schnellstmöglich abzuhauen. Allerdings kann es auch zu einem Problem werden, wenn unsere Amygdala ständig im Panikmodus ist. Dann stecken wir in einem Teufelskreis fest, besser bekannt als:

Kreislauf der Verdammung.

Kreislauf der Verdammung

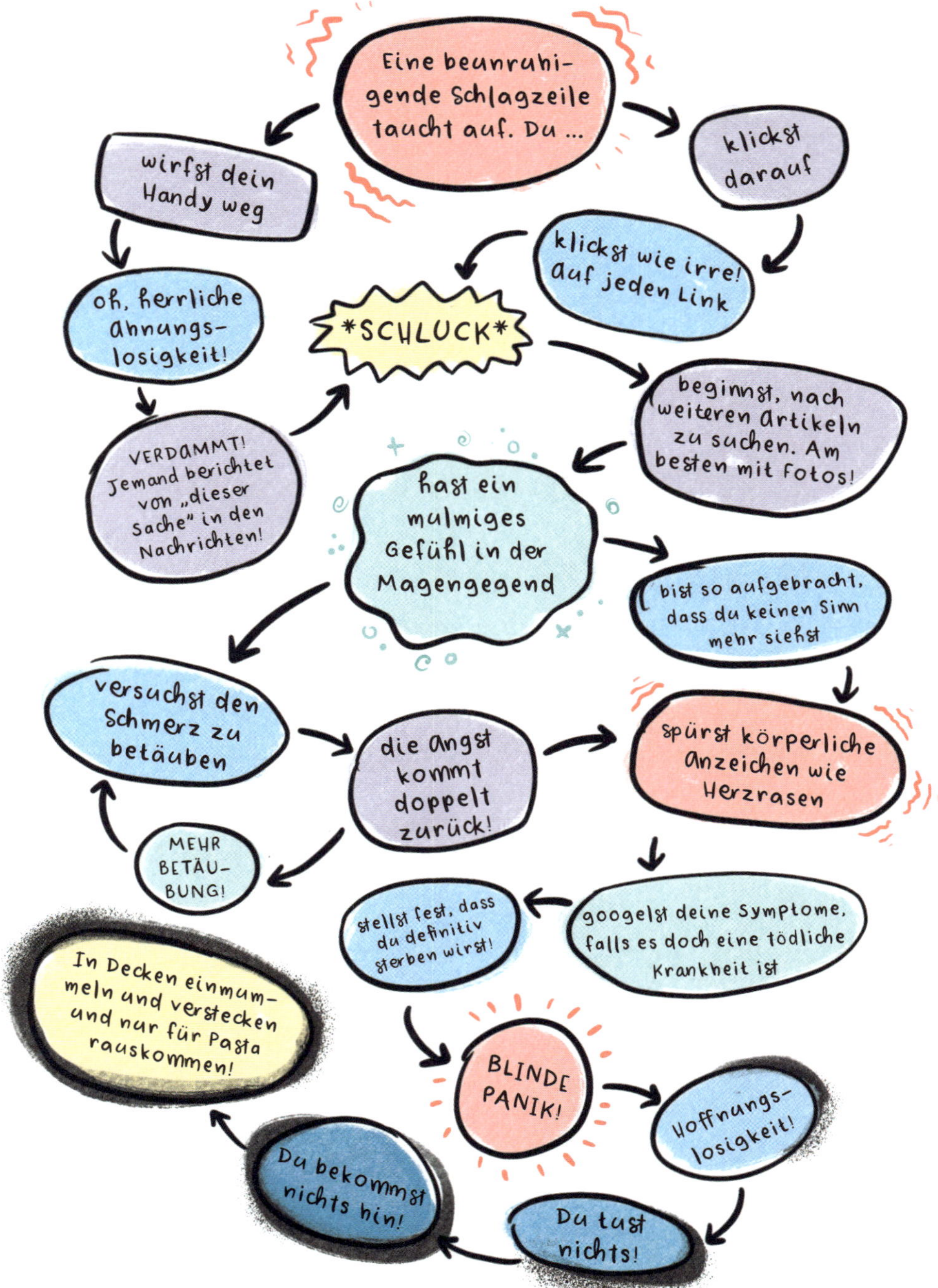

Kommt dir das bekannt vor? Dein Echsenhirn kann nicht unterscheiden, ob tatsächlich eine Gefahr besteht (zum Beispiel, weil du einem Grizzlybären ins Auge gepikst hast) oder ob du einfach mal wieder zu viele Nachrichten gelesen hast.

Und nicht nur dein Gehirn ist betroffen.

Was Angst mit deinem Körper macht

HILFE! Eine Gefahr wurde erkannt.

Dein Echsenhirn löst einen Stress-Alarm aus, der Stresshormone ausschüttet, um dich zu retten.

Dein Körper reagiert.

Deine Atmung wird schneller. Du nimmst mehr Sauerstoff auf, damit du im Zweifelsfall wie ein Gepard davonsprinten kannst.

Wenn du den Extrasauerstoff aber nicht zum Rennen brauchst, kann dir schwindelig werden.

Deine Pupillen vergrößern sich, um mehr Licht aufzunehmen (und Gefahren besser erkennen zu können). Das ist zwar großartig für Schießübungen, kann aber auch zu Tunnelblick und verschwommener Sicht führen, was deine Angst nur verschlimmert.

Dein Körper leitet deine gesamte Energie in deine Muskeln, indem er ...

... alle Sexualhormone runterfährt. (Normalerweise hast du nicht gerade Lust auf Sex, wenn du Todesangst hast!)

... dein Verdauungssystem vorübergehend lahmlegt. (Hallo, trockener Mund und Bauchgrummeln!)

Wie sich Angst anfühlt

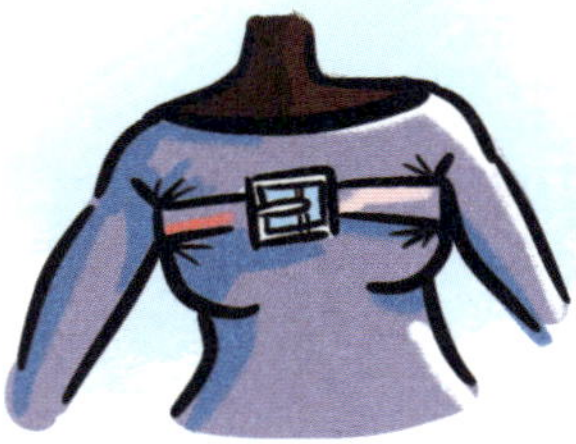

Beklemmung

Rasende Gedanken

Kribbelnde Gliedmaßen

Fehlende Konzentration

Starke Unruhe

Schwindel

Schreckhaftigkeit

Herzrasen

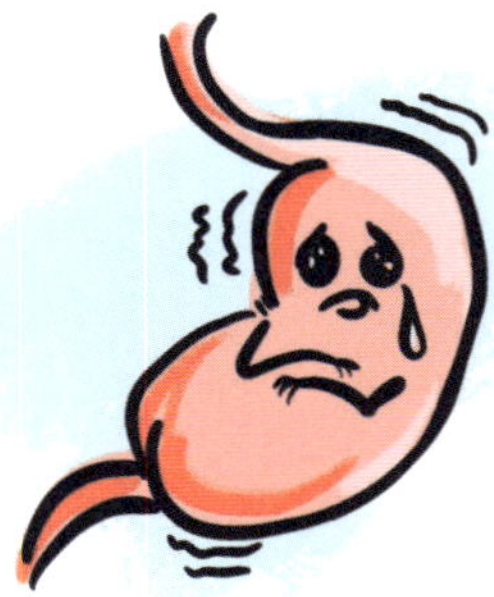

Nervöser Magen

Wir haben uralte Gehirne in einer modernen Welt

Anstelle von wöchentlichen Begegnungen mit Säbelzahntigern müssen wir uns TÄGLICH Hunderten Benachrichtigungen, Schlagzeilen, verpassten Anrufen, E-Mails und Werbeanzeigen stellen. Unser Alarmknopf ist wie eine Auto-Alarmanlage, die im Hintergrund schrillt, während wir versuchen zu schlafen.

Buddha verglich diesen Dauerzustand der Angst mit einem Kopf voller kreischender, betrunkener Affen. Schön gesagt, Buddha.

Unsere kollektiven Ängste sind Milliarden wert.
Das ist keine Verschwörungstheorie, sondern eine Tatsache.

Aber stressen wir uns nicht länger, weil wir gestresst sind! Die wichtigste Frage ist doch:

Was können wir tun?

Wenn wir unserem Echsenhirn die Kontrolle überlassen,
haben wir nur folgende Möglichkeiten:

KÄMPFEN

(Wut & Empörung)

FLIEHEN

(aufgeben, ignorieren, betäuben)

ERSTARREN

(Angst & Gleichgültigkeit)

In anderen Worten: DURCHDREHEN!

Aber es gibt noch eine vierte Option.

Durchschauen!

Wenn wir unsere Ängste unter Kontrolle haben, können wir unser Echsenhirn daran hindern, die Kontrolle an sich zu reißen. Auf diese Weise können wir rational handeln, auch wenn die Welt ganz schön beängstigend erscheint.

FRAGEN, DIE DU DIR STELLEN KANNST, WENN DU MAL WIEDER DURCHDREHST (statt die Lage zu durchschauen)

Finde heraus, was der Auslöser für deine negativen Gefühle war.
Hast du die Kontrolle über die Situation?
JA
NEIN
Schreibe alle Dinge auf, die du nicht verändern kannst. Verbanne sie aus deinem Kopf.
Was kannst du an deiner Reaktion auf die Situation verändern?
Jetzt schreibe alle Dinge auf, die du verändern KANNST.
TU GENAU DAS!
Und dann frage dich …

Was wäre,

wenn ...?!

Was, wenn jetzt unsere Zeit gekommen ist?

Was ist, wenn Schmerz und Angst genau das sind, was wir brauchen, um unser Handeln zu verändern? In seinem Buch „The Geography of Genius“ merkt Eric Weiner an, dass bestimmte Orte zu bestimmten Zeiten eine überdurchschnittliche Anzahl von genialen Menschen hervorgebracht haben. Er bezeichnet das als Genie-Cluster. Das Florenz der Renaissance brachte Leonardo da Vinci, Michelangelo, Donatello und Botticelli hervor. Im chinesischen Hangzhou des 12. und 13. Jahrhunderts wurden die ersten seemännischen und astronomischen Karten, feinste Stoffe und Porzellan und sogar Papiergeld erfunden. Das antike Athen schenkte uns Sokrates, Platon und Aristoteles.

Alle diese Orte, an denen Genies auf den Bäumen zu wachsen schienen, hatten drei Merkmale gemeinsam:

Vielfalt,

Bewohner mit gutem Urteilsvermögen

und

(*Trommelwirbel, bitte!*)

Chaos.

Genies werden selten in friedlichen Zeiten geboren.

Wir erfinden Dinge
und verändern uns,
wenn wir keine andere
Wahl haben.

Was wäre, wenn wir kurz
davor sind, ein Goldenes
Zeitalter zu erleben, wenn
sich alles ändert?

DU BIST EINGELADEN!

Zur Feier des
Beginns einer neuen Welt

Wann? Jetzt!
Wo auch immer du
gerade bist
Bitte mitbringen:
deine Großartigkeit und
Kreativität

Antwort? JA!

Ich freue mich auf dich!
Die Zukunft

Schritt 2

Verändere DIE GESCHICHTE!

Die Vorstellung, die wir alle von der Zukunft haben, löst nicht gerade große Freude bei uns aus. Aber egal, ob wir wollen oder nicht, wir steuern der Zukunft entgegen. Außer wir bauen eine Zeitmaschine.

Um jeden Einzelnen und unsere Weltgemeinschaft für die Zukunft zu begeistern, brauchen wir eine neue Sichtweise auf die vielen Chancen, die wir selbst und unser Planet haben. Stell dir die Reise in die Zukunft wie einen Roadtrip vor. Wir alle wissen, welch großen Einfluss die Person hat, die die Musik aussuchen darf. Deine Erwartungshaltung ist wie der Soundtrack deines Lebens. Wähle ihn weise.

Solltest du deine Einstellung zur Zukunft ändern?

Wenn wir Hoffnung wecken wollen (in uns selbst und in anderen), dann müssen wir lernen, unsere Einstellung zu ändern.

Aus psychologischer Sicht ist unsere innere Einstellung die Kombination all unserer Gefühle, Glaubenssätze und Verhaltensweisen.

DINGE

GRUPPEN

EREIGNISSE

SYMBOLE

Unsere Einstellungen sind wie Geschichten, die wir für wahr halten.
Sie sind beeinflusst von …

UNSERER SOZIALISATION

UNSERER LEBENSERFAHRUNG

SOZIALEN NORMEN

BEOBACHTUNGEN

Der Einstellungs-Kreislauf

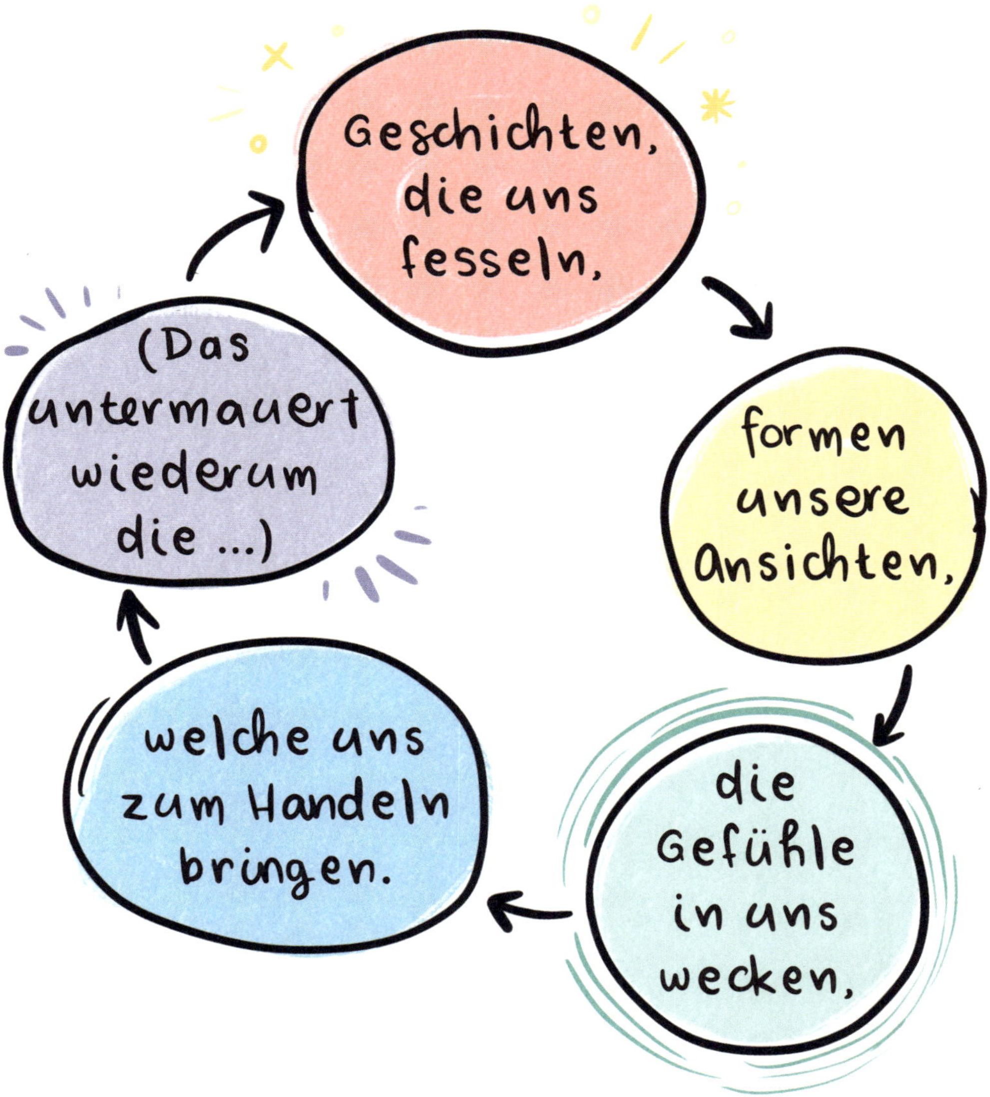

Zweifle nie an der

Jede Kultur (hier und heute und in der Vergangenheit) basiert auf Geschichten.

Geschichten werden aufgeschrieben, gesungen, gelebt, erzählt, aufgeführt und gelernt.

Sie erzählen uns von Orten, an denen wir noch nie waren, und inspirieren uns dazu, eigene Abenteuer zu erleben.

Geschichten prägen unsere Sicht auf die Welt. Sie können Kriege auslösen oder sie beenden. Sie können beängstigen oder inspirieren.

Macht von Geschichten

Wenn wir an die falsche Geschichte glauben, können wir hängen bleiben.
Wenn wir an die richtige Geschichte glauben, kann sie uns beflügeln.

Die Gefahr einer einseitigen Geschichte

Wenn wir EINE Geschichte immer wieder hören, beginnen wir, sie zu glauben. Aber was ist, wenn wir der falschen Geschichte zuhören? Chimamanda Ngozi Adichie spricht in ihrem TED Talk „The danger of a single story" („Die Gefahr der einseitigen Geschichte") genau davon. Sie erzählt von ihrer Kindheit als kleiner Bücherwurm in Nigeria. Alle Bücher, die sie las, spielten in Großbritannien oder Amerika und zeigten Menschen mit heller Haut und blauen Augen, die Äpfel aßen und Ingwerlimonade tranken.

Fasziniert vom Geschichtenerzählen, begann sie, ihre eigenen Geschichten zu schreiben. Auch in ihren Geschichten aßen Menschen mit heller Haut und blauen Augen Äpfel und tranken Ingwerlimonade. Und das, obwohl sie selbst ein Mädchen mit brauner Haut war, das Mangos aß und nicht einmal wusste, was Ingwerlimonade überhaupt war.

Der Punkt ist, dass sie nicht wusste, dass Menschen wie sie in Büchern überhaupt vorkommen konnten.

Einseitige Geschichten berauben uns unserer Möglichkeiten. Sie schränken unsere Sicht auf die Welt ein.

Wenn wir bewusst beschließen, neue Geschichten (in unserem Leben und in der Welt) zu schreiben, dann eröffnen sich uns nicht nur neue Möglichkeiten, sondern vielleicht sogar das eine oder andere überraschende Ende.

Wir sind der Plot Twist, auf den die Welt gewartet hat.

Menschen BRAUCHEN Geschichten.

Sie geben uns Sinn, und einen Sinn zu haben, motiviert uns weiterzumachen.

Nicht eine „schlechte Einstellung" führt zu Gleichgültigkeit, sondern das Fehlen einer guten Geschichte, die uns erfüllt. Diese Geschichte motiviert uns zum Weitermachen, auch wenn wir mal müde werden.

Wenn wir unsere Einstellung ändern wollen, brauchen wir bessere Geschichten – über die Zukunft, über uns selbst, übereinander.

Welche Geschichte über
die Zukunft hast du dir
bisher selbst erzählt?
Welche Erzählweise hast
du verinnerlicht?

Bringt dich diese Geschichte weiter?

Wo stehst du? Zeichne es ein!

Falls deine Waage mehr nach links schwingt, siehst du die Zukunft wohl eher negativ.

An dieser Stelle solltest du über deine Glaubenssätze nachdenken und mit einem anderen Blick auf deine Geschichte schauen.

(Das heißt nicht, dass deine Gefühle von Erschöpfung oder Verzweiflung nicht berechtigt sind. Aber wenn du dich permanent auf sie fokussierst, wirst du irgendwann ausbrennen. Wir brauchen aber keine Märtyrer, wir brauchen dich!)

Heitere deine innere Stimme auf!

Deine innere Stimme ist die Erzählerin deiner Lebensgeschichte. Wenn sie immer nur davon berichtet, was alles auf der Welt schiefläuft, wirst du auch immer nur das Schlechte sehen. Aber was wäre, wenn deine innere Stimme mal etwas anderes ausprobiert? Hier sind ein paar Fragen, die dir dabei helfen, die Geschichte deiner Zukunft zu verändern:

Könnte das ein Neuanfang sein?

Wie könnte deine ideale Zukunft aussehen?

Nenne drei Menschen, die die Welt besser machen.

Nenne drei Dinge, die dir Hoffnung schenken.

Nenne drei Möglichkeiten, wie du selbst helfen kannst.

Überdenke dein Genre

Ist unser Universum freundlich oder feindselig? Was glaubst du? Philosophen wissen schon lange, wie wichtig es ist, für welche Sichtweise du dich entscheidest. Siehst du dein Leben als eine Komödie oder ein Drama? Wenn du dir ein neues Genre für deine Lebensgeschichte aussuchen könntest, welches wäre es?

Die Geschichte deiner Heldin

... hinein ins Unbekannte! Der Ort, an dem Veränderung stattfindet.
Herausforderungen
und
Feinde
auf ihrem Weg lernt sie Fähigkeiten, die ihr bei der Heimreise helfen ...
... und alles besser machen.
An diesem ungewöhnlichen Ort trifft sie Freunde und Verbündete.

Akzeptiere Wendungen

Das Konzept der Heldenreise erinnert uns daran, dass das Leben nicht linear verläuft. Wenn wir vor Herausforderungen stehen (und das passiert in jeder guten Geschichte), fühlen sie sich manchmal unüberwindbar an.

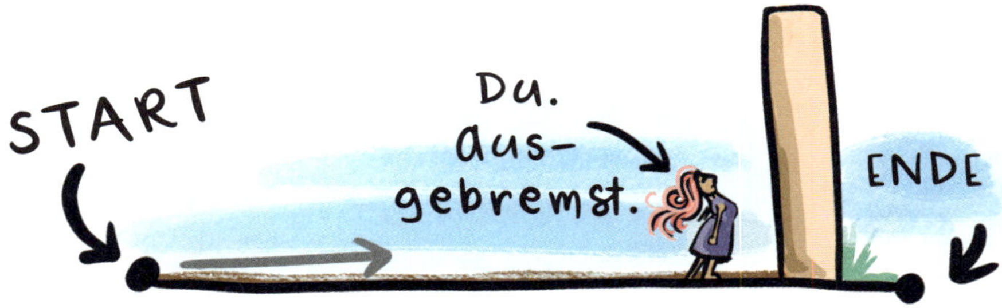

Wenn wir uns aber auf das große Ganze konzentrieren, werden wir feststellen, dass Herausforderungen einfach nur ein Teil der Reise sind.

Wenn wir auf ein Hindernis stoßen, können wir uns dazu entscheiden aufzugeben …

… oder wir können den Lichtblick suchen und ihm folgen.

VERÄNDERE DEINE SPRACHE

Es ist wichtig, welche Worte wir verwenden. Wir können zwischen Wörtern wählen, die Angst machen und uns entzweien, oder solchen, die Hoffnung schenken und uns zusammenschweißen.

Häufig verwenden Aktivistinnen und Aktivisten Wörter aus dem Militär- oder Sportbereich. Du weißt schon … die Starken bezwingen die Schwachen, die Gewinner besiegen die Verlierer, das Böse siegt über das Gute.

Diese Art des Denkens beruht auf Gegensätzen. Es handelt sich um Schwarz-Weiß-Denken. Aber die Wahrheit ist grau. Wenn unsere Sprache immer betont, dass es Sieger und Verlierer geben wird, wird es auch immer Konflikte geben.

Wenn unsere Sprache negativ ist, stellen wir immer Zerstörung in den Fokus. Wenn unsere Sprache aber positiv ist, konzentrieren wir uns auf das, was wir erschaffen können. Und das ist nicht nur motivierender, sondern auch aufschlussreicher.

Konflikt kann Krawalle auslösen. Inspiration kann eine Revolution in Bewegung bringen.

Statt diesem	Sage jenes
Lass uns KÄMPFEN.	Lass uns etwas VERÄNDERN.
ZERSTÖRE das Alte.	ERSCHAFFE etwas Neues.
Das sollten wir ABSCHAFFEN.	Lass es uns NEU ERFINDEN.
Das KANN ich NICHT.	Das kann ich NOCH nicht.
Wir sind VERLOREN.	Wir LERNEN dazu.
Alles ist RUINIERT.	Was LEHRT mich das?

Verändere deine Geschichte und du veränderst dein Leben.
Verändere dein Leben und du veränderst die Welt.

Mitverfasserin der Zukunft
LERNEN
auf worte folgen Taten
Herausforderungen annehmen
VORWÄRTS
Meine Geschichte schreiben

Schritt 3

RICHTE DEINEN

inneren KOMPASS AUS!

Es ist eine Sache, die Geschichte zu kennen, die du erzählen willst. Es ist eine andere, die Regie zu führen.

Nach deinen eigenen Werten zu leben, kann sich anfühlen, als müsstest du ständig gegen den Strom schwimmen. Manchmal kann es verlockend sein, sich einfach anzupassen und dich mit der breiten Masse treiben zu lassen.

Wenn du das allerdings machst, könnte sich das unschöne Gefühl einschleichen, dass du dich nicht wie der Mensch verhältst, der du eigentlich bist. Klar, es ist einfacher, aber es fühlt sich nicht richtig an. Es fühlt sich an, als würdest du deine Glaubenssätze verraten und nicht mehr du selbst sein.

Mit deinem EIGENEN Strom zu schwimmen, verlangt vielleicht Mut und Anstrengung, aber nur so wirst du zu einem aktiven Teilnehmer in deinem eigenen Leben. Es wird deine Reise mit Leidenschaft und Sinn erfüllen, zwei der wichtigsten Voraussetzungen, um optimistisch zu sein und zu bleiben.

Hast du dein Leben nach deinen Prioritäten ausgerichtet?

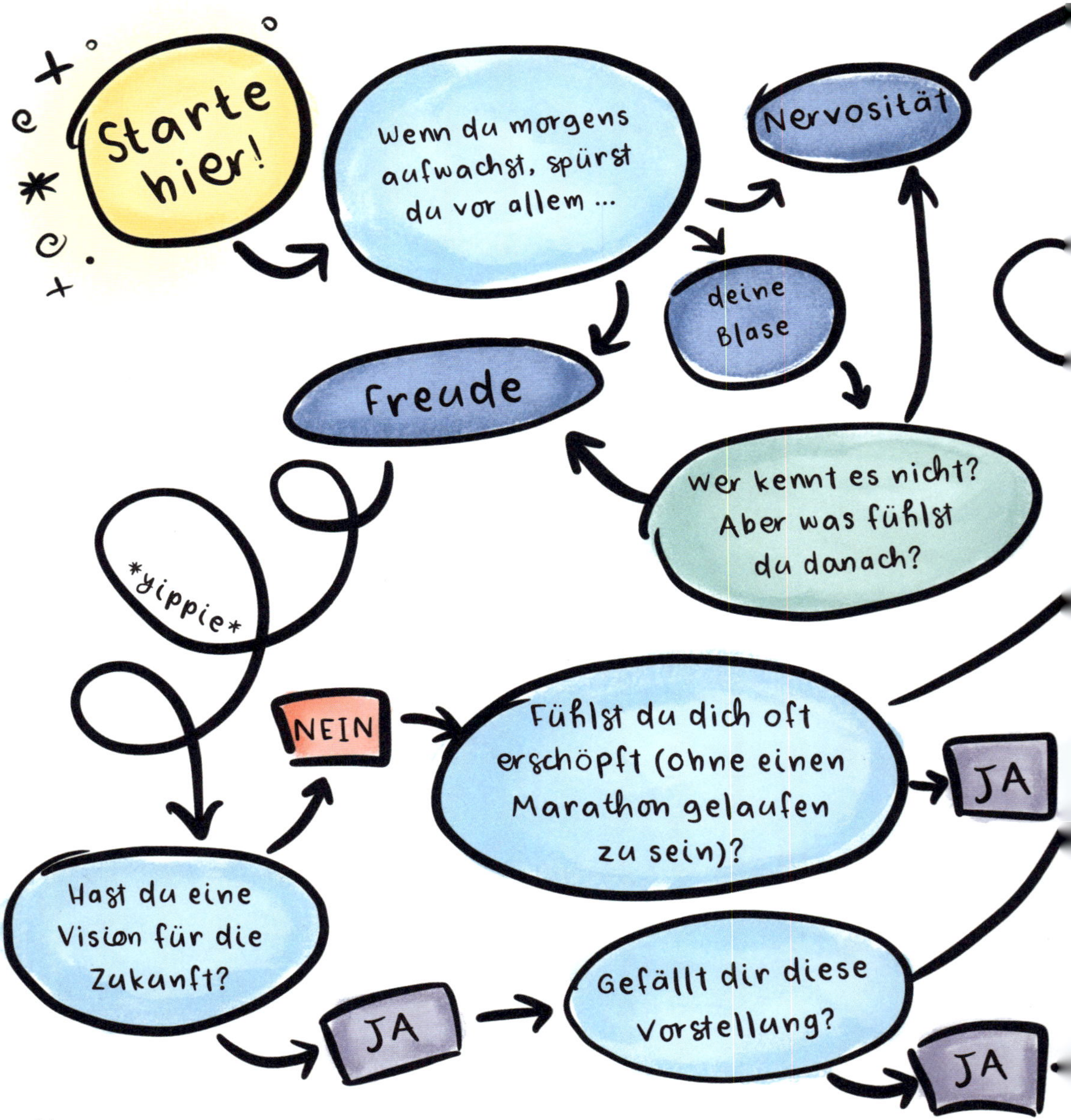

Hat dich ein schrillender Wecker aus dem Schlaf gerissen?
JA
NEIN
Knall ihn an die Wand!
Fühlst du dich oft ausgebremst, als würdest du nicht weiterkommen?
JA
NEIN
Steckst du gerade in Treibsand fest?
NEIN
JA
Hör auf zu strampeln, du machst es nur schlimmer!
Hurra! Du hast deine Prioritäten im Griff!
Verdammt, deine Prioritäten stimmen nicht!

Wenn wir nicht mit uns selbst im Reinen sind,
fühlen wir das in jeder Pore unseres Körpers.

Es kneift, weil wir uns unaufrichtig fühlen und
wie ein Betrüger, der einfach nicht dazugehört.

Unser Herz, unser Kopf und unser Bauch sagen uns: *Es ist vielleicht einfacher so, aber es fühlt sich nicht richtig an.*

Das ist unser innerer Kompass – unser Nordstern –, der uns wissen lässt, dass wir vom Weg abgekommen sind. Wir laufen in eine Richtung, die nicht mit unseren inneren Werten übereinstimmt.

Sich mit dem stärksten Strom treiben zu lassen, ist einfach, aber er wird dich in die falsche Richtung führen. Folge deinem Herzen. Halte deinen eigenen Kurs.

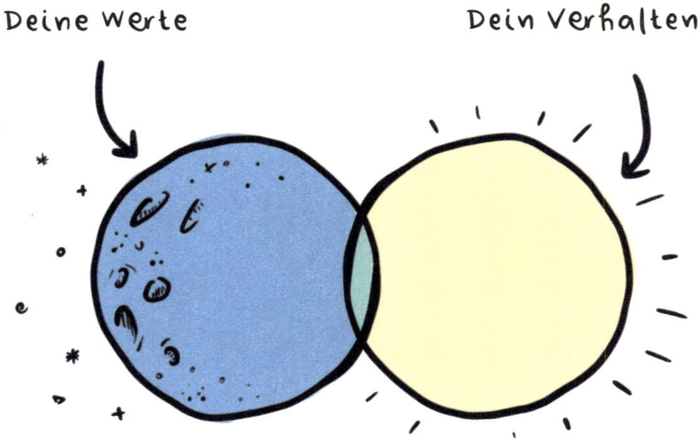

Das ist SCHMERZHAFT!

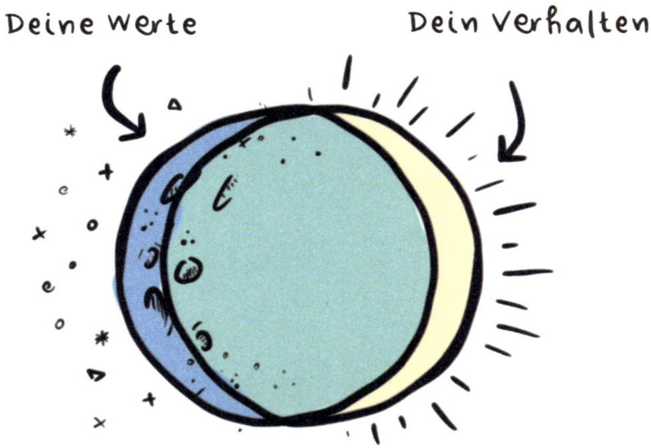

Das ist ZUFRIEDENHEIT!

Hab gehört, man sollte seine fünf wichtigsten Werte aus dem Stegreif nennen können. Könntest du das?
Klar, total einfach! Familie, Freunde, Gesundheit …
Nein, nein, nein! Die sind viel zu umfassend. So wie bei Schönheitswettbewerben alle immer „Weltfrieden" sagen!
Aber haben wir denn nicht alle die gleichen Werte?

Gewissermaßen, aber nicht ganz. Wenn du dir Abraham Maslows Bedürfnispyramide anschaust, wirst du sehen, dass alle Menschen drei psychologische Grundbedürfnisse haben.
Wir alle brauchen das Gefühl, …
… sicher zu sein.
… dazuzugehören.
… wichtig zu sein und Bedeutung zu haben.
Aber hinter diesen drei Punkten verbirgt sich ein Meer aus Möglichkeiten, wie wir unser Leben gestalten können.

Und unsere Werte zeigen uns den Weg!
Genau!
Abenteuer
Wachstum
Wagnis
Herausforderung
Zugehörigkeit
Gemeinschaft
Nähe
Erfüllung
Freude
Zufriedenheit
Geborgenheit
Verbindung
Spiritualität
Selbstverwirklichung
Unabhängigkeit
Freiheit
Kreativität
Eigenständigkeit
Weisheit
Wissen
Bildung
Können

Wie du deinen Nordstern findest

- Suche den Himmel ab.
- Finde heraus, was wirklich für dich zählt (Psssst: deine Werte).
- Vergiss, was andere Leute meinen, was für dich zählen SOLLTE.
- Achte darauf, welche Verhaltensweisen, Gewohnheiten und Menschen sich nicht gut für dich anfühlen, und lass sie los.
- Schenke den Verhaltensweisen, Gewohnheiten und Menschen Beachtung, die dein Leben schöner machen, und feiere sie!

Warum du deine Werte wertschätzen solltest

Sie sind einzigartig.

Sie entwickeln sich mit dir.

Sie können aber nur von dir geändert werden.

Sie sind nützliche Entscheidungshelfer.

Es fühlt sich gut an, ihnen zu folgen.

(Außer deine Werte liegen im Furzen.)

Es ist nicht immer einfach, ihnen zu folgen, aber es ist noch schwieriger, es nicht zu tun.

Wenn du sie mal vergisst, flüstern sie dir zu und erinnern dich an sie.

Sie bereichern dein Leben mit Sinn und einer Richtung.

Es gibt ein Szenario, das uns in unserer viel beschäftigten Welt immer wieder begegnet.

Deine Werte sind deine Wegweiser. Wenn du ihnen folgst, helfen sie dir dabei, die allerbeste Version von dir selbst zu sein.

Los, lass uns abtauchen und herausfinden, was dir im Leben am meisten bedeutet!

Beginne ein GLÜCKS-Tagebuch

Wähle einen Zeitraum zwischen zwei und sieben Tagen. Achte darauf, dass sowohl ein Arbeitstag* als auch ein freier Tag dabei sind.

Sei aufmerksam. Beobachte, wann du dich …

… richtig glücklich fühlst. In diesen Momenten verlierst du dein Zeitgefühl, bist voller Energie und fühlst dich anschließend beflügelt.

… einfach nur lustlos fühlst. Die Zeit scheint stehen zu bleiben, deine Energie verebbt und du fühlst dich danach erschöpft.

Schreibe dir alles auf.

Suche nach den Gemeinsamkeiten in beiden Kategorien.
Was macht dich glücklich? Mach es öfter!
Was macht dich unglücklich? Mach es seltener!

* Arbeit bedeutet auch, dich um deine Familie und/oder den Haushalt zu kümmern. Nur weil du nicht dafür bezahlt wirst, heißt das nicht, dass es keine Arbeit ist.

Deine Mehr-oder-weniger-Liste

- Zeichne in dein Glückstagebuch zwei Spalten, eine für WENIGER und eine für MEHR.
- Blättere dein Tagebuch noch mal durch und beginne aufzuschreiben. Immer wenn du eine Spalte gefüllt hast, schreibst du den jeweiligen Gegensatz in die gegenüberliegende Spalte.

WENIGER	MEHR
Kaufen	Geben
Scrollen	Lernen
Tratschen	Zuhören
Selbsthass	Handeln
Angst	Meditation
Jammern	Helfen
Leiden	Fragen
Einsamkeit	Verbindung

Jetzt lass uns zurück
zum Anfang gehen, bevor
die Welt dir eingeredet hat,
wer du sein sollst.

Zurück zu deinem
inneren Kind.

Gründe, wieso Kinder großartig sind

(oder warum du dein inneres Kind wiederfinden solltest)

Sie haben einen starken Sinn für Gerechtigkeit.

Sie sind unglaublich empathisch.

Sie trauen sich, groß zu träumen und Neues auszuprobieren.

Es gibt noch eine Sache, in der Kinder WUNDERBAR talentiert sind.

Und diese Sache ist –

aber warte kurz! Erst mal …

WAS IST DAS?

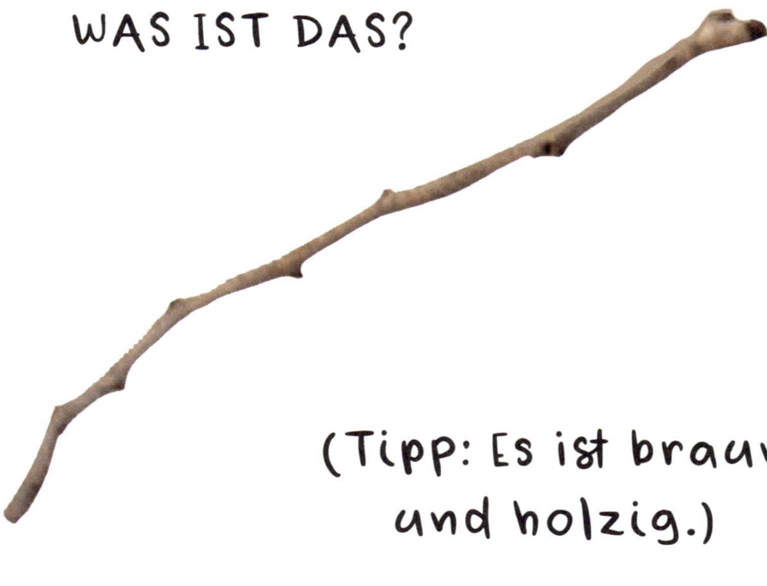

(Tipp: Es ist braun und holzig.)

Die meisten Leute sehen einfach nur einen Stock, weil wir vom Erwachsensein abgestumpft sind. Wir haben die Fähigkeit verloren, um die Ecke zu denken. Wo wir einen Stock sehen, sehen Kinder …

Wir müssen wieder lernen, größer, besser
und verrückter zu denken.

Vielleicht sehen wir dann anstelle eines riesigen Bergs von Problemen …

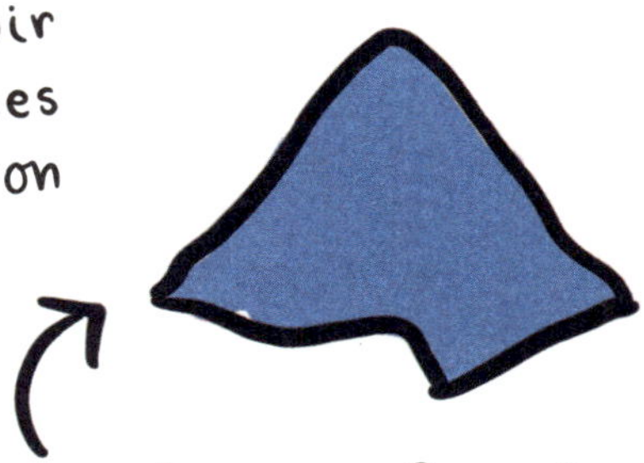

ein großes Problem

einen Haufen Möglichkeiten:

ein Berg zum Erklimmen

ein neuer Ort zum Entdecken

ein neuer Traum zum Träumen

eine Hürde zum Überspringen

eine Erfindung zum Erfinden

eine Möglichkeit zu helfen

Fragen, die dein inneres Kind aufwecken

Wenn Leute von dir als Kind erzählen, welche Geschichten und Sprüche tauchen dann immer wieder auf?

Was hast du als Kind am liebsten gemacht? In welchen Aktivitäten konntest du völlig versinken?

Was konntest du gut? (PS: Das ist DEINE Meinung. Ignoriere einfach alle Kommentare, die in der Vergangenheit an deinem Selbstbewusstsein gekratzt haben.)

Gab es ein Weltereignis in deiner Kindheit, das dich nachhaltig geprägt hat? Was denkst du, warum es diesen Einfluss auf dich hatte?

Wer waren als Kind deine Idole (berühmt oder nicht berühmt)? Was hast du besonders an ihnen bewundert?

Finde Hinweise in deinen Lieblingsdingen
Menschen
Dokumentationen
Podcasts
Bücher
Zitate oder Sprüche
Filme
Vorträge (TED Talks, historische Reden, Abschlussreden)
literarische Figuren

Fragen, die Klarheit schaffen

Was kannst du besonders GUT?

Was machst du gern?

Weil unsere Selbsteinschätzung uns manchmal täuscht, frage fünf Freunde, wie sie dich in drei Worten beschreiben würden.

Welche Probleme auf der Welt beschäftigen dich am meisten (und bereiten dir Albträume)?

Welche deiner Fähigkeiten und Stärken könntest du einsetzen, um diese Probleme zu lösen?

Wie bringst du mehr Freude in dein Leben und somit auch in die Welt?

Wenn du im Einklang mit deinen Werten lebst, bist du auch die beste Version von dir selbst.

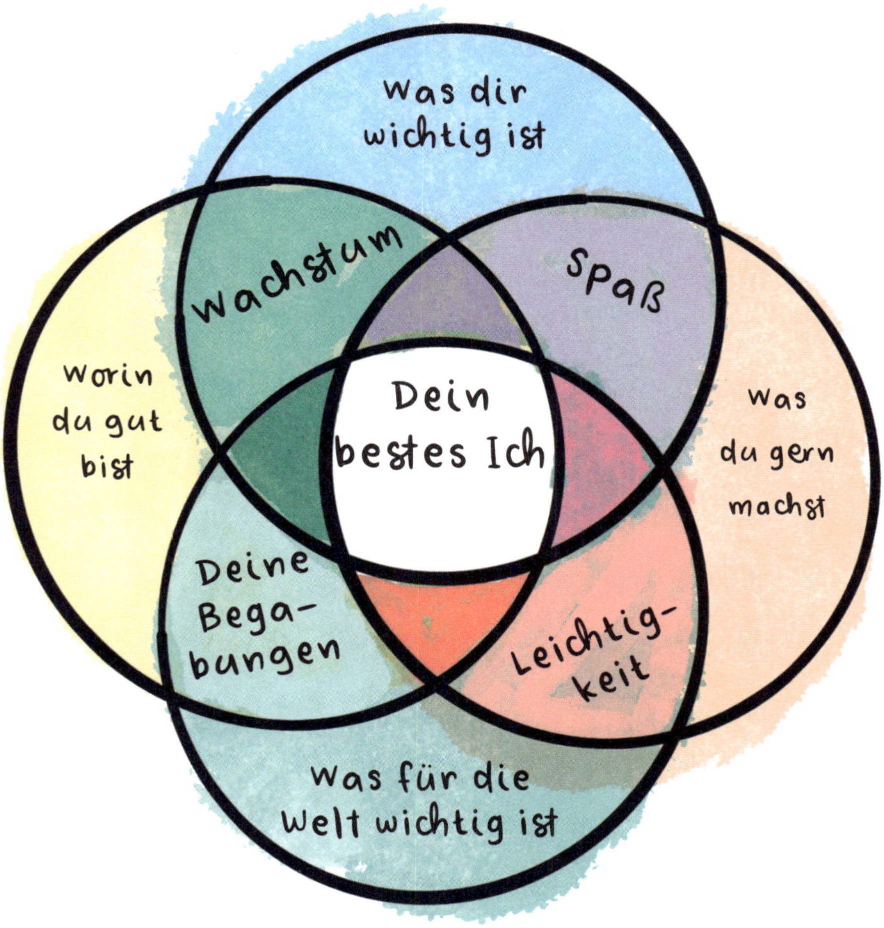

Die Welt braucht dringend deine glänzende Großartigkeit.

Können Werte schlecht sein?

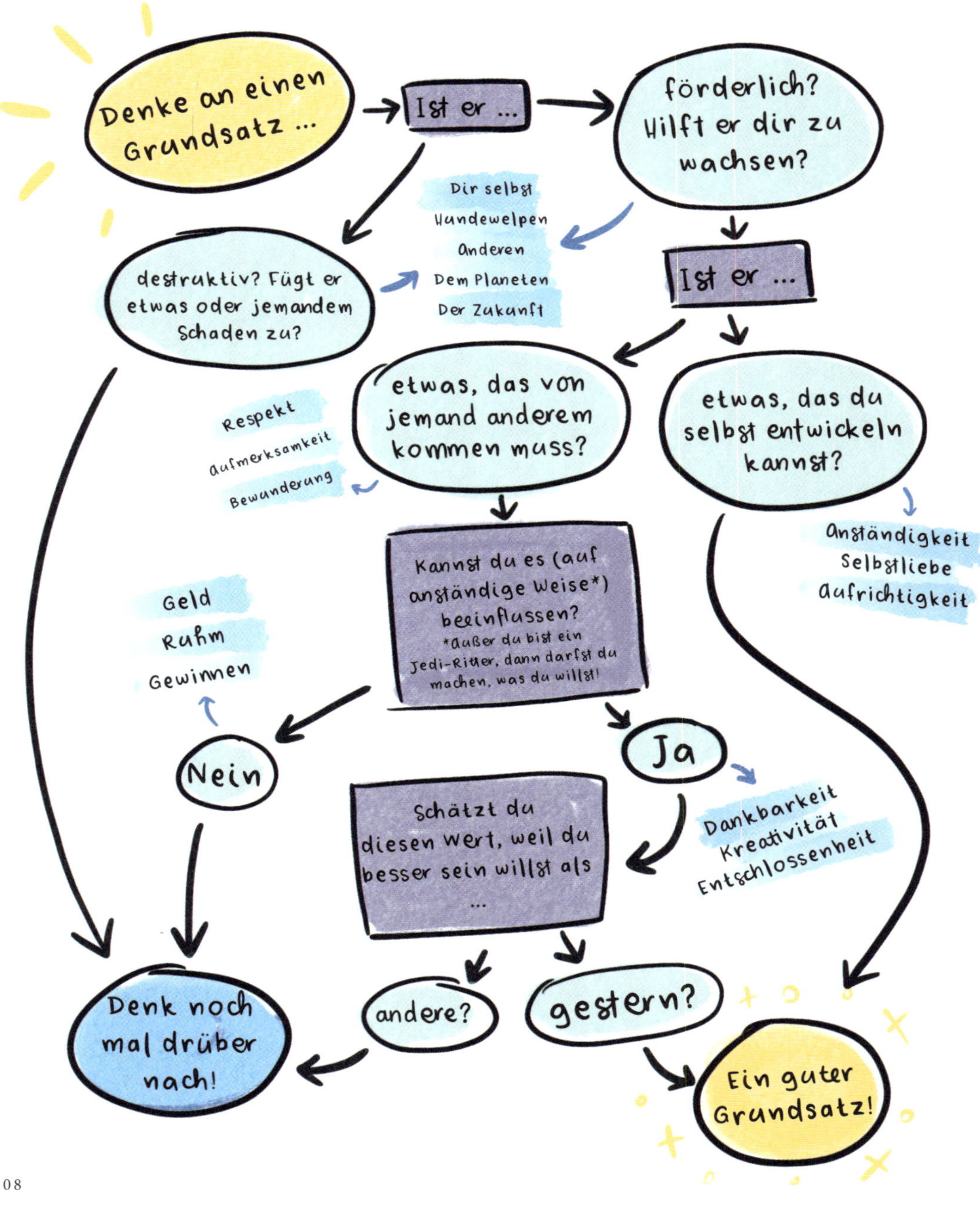

Jetzt schau dir alles an, was du aufgeschrieben hast, und bestimme drei bis fünf Werte.
Schreibe sie auf und hänge den Zettel dort auf, wo du ihn regelmäßig sehen kannst.

Kreativität AUSSTRAHLUNG Leidenschaft FREIHEIT

Gelassenheit Albernheit ANSTÄNDIGKEIT Humor

WISSENSCHAFT Abenteuer FREUDE Einsatzbereitschaft

Gastfreundschaft GERECHTIGKEIT Großzügigkeit EHRFURCHT

Fitness WEISHEIT Durchhaltevermögen KÖNNEN

Liebe Vergnügen GLEICHBERECHTIGUNG Furchtlosigkeit

SELBSTACHTUNG Spaß Spiritualität

Ehrgeiz Anmut EINFLUSS Disziplin

EIFER NATUR Glaube Inklusivität

Ordnung Großmut ENTDECKUNG

ZURÜCKGEZOGENHEIT Wissen Logik

Fairness DURCHHALTEVERMÖGEN Verlässlichkeit

Lernen EINFALLSREICHTUM Geschicklichkeit

Bedeutung SEHNSUCHT Leichtigkeit Mut

STAUNEN Unabhängigkeit Feuer

NACHHALTIGKEIT Wachstum KUNST

INTEGRITÄT EINSATZ Wahrheit

Sicherheit Hingabe SEXUALITÄT

Trage deine Werte
stolz wie eine Krone,
die die ganze Welt
sehen kann.

Schritt 4

Erkenne DEINE STÄRKE!

Als sinnsuchender Mensch, der auf einem kleinen Planeten in einem unendlich großen Universum lebt, fühlt man sich schnell unbedeutend. Wie soll eine einzige Person etwas bewirken? Ist es überhaupt wichtig, was wir tun?

Wenn ich mich mal wieder so fühle, als würde ich zu weit ins Universum abdriften, halte ich mich als Anker an allem fest, was mich mit der Welt verbindet. Denn alles ist miteinander verbunden.

Wir sind alle vernetzt und ein Teil desselben Ökosystems.

Das „Systemdenken" geht davon aus, dass die Stärke einer bestimmten Art von der Stärke des Ökosystems abhängig ist, zu dem sie gehört. Und jeder kleine Teil muss gut funktionieren, damit auch das große Ganze funktionieren kann.

Das große Ganze ist so viel mehr als die Summe seiner Teile.

Du bist vielleicht klein, aber du bist entscheidend.

Versuche nur mal,
über das Meer unseres
Universums zu laufen, ohne
Wellen zu schlagen.

Ein Ökosystem braucht jedes Lebewesen, egal wie klein es ist.

Mikroskopisch kleine Bakterien ernähren die Pflanzen, die wiederum die Pflanzenfresser ernähren, und so weiter. Auch wenn das Krokodil und andere wilde Tiere mächtig wirken, sind auch sie von den Würmern im Boden abhängig.

Unsere Gesellschaft ist auch ein Ökosystem, das auf jeden von uns angewiesen ist, genauso wie wir alle aufeinander angewiesen sind.

Wir alle sind wichtig!

Ein altes Sprichwort sagt: Wenn du glaubst, dass du zu klein bist, um etwas zu bewirken, dann versuche doch mal zu schlafen, wenn eine Stechmücke im Raum ist.

Freundlich zu sein, ist eine Möglichkeit, um die Welt positiv zu verändern. Liebenswerte Gesten halten uns über Wasser und schenken uns neue Energie. Sie motivieren und sorgen dafür, dass die Helfer dieser Welt nicht aufgeben. Denk mal an einen Moment, in dem eine kleine Geste der Freundlichkeit dein Leben verändert hat.

Jemand, der dich willkommen geheißen hat

Jemand, der für dich da war

Jemand, der an dich geglaubt hat

Jemand, der sich Zeit genommen hat

Jemand, der dir geholfen hat

Jemand, der dir zugehört hat

Wie du deine Stärke findest

Eines der Grundprinzipien des Stoizismus, einer Philosophie der Antike, ist es, die Dinge zu akzeptieren, über die wir keine Kontrolle haben, und uns stattdessen auf das zu fokussieren, was wir beeinflussen können.

Wenn du dich auf all die Dinge konzentrierst, die du nicht beeinflussen kannst (wie zum Beispiel Naturgewalten), fühlst du dich vermutlich schnell überfordert, machst dich klein und ziehst dich zurück. Es ist schwierig, in diesem Zustand eine positive Wirkung auf die Welt zu haben.

Wenn du dich aber darauf fokussierst, was du kontrollieren KANNST, wird dir klar werden, wie es weitergehen kann. Du wirst anfangen, aktiv zu werden, und auch anderen den Weg weisen. Du wirst voller Power sein!

Eine kleine Geschichte über den Nachahmungseffekt

Die Pflanzen lockten Tiere an …
… und Komplimente von seinen Nachbarn.
Schon bald pflanzten die Nachbarn ihre eigenen Gärten. Sie begannen, Ratschläge auszutauschen …
… und Stecklinge, Kompost, Tipps, Tricks und ihre Ernte.
Der junge Mann musste nicht mehr von der Wildnis träumen und lebte glücklich bis an sein Lebensende.

Wenn wir diese Dinge steuern …

Wie wir andere behandeln
Wen oder was wir wählen
Wie wir unsere Stimme nutzen
Wie wir für andere da sind
Wie wir unser Geld ausgeben
Unternehmen, die wir unterstützen
Unsere Angewohnheiten,
Denkweisen und Haltungen
Nachrichten, die wir konsumieren
Das Wissen, das wir uns aneignen
Die Art, wie wir sprechen

… beeinflussen wir diese Dinge

Die Motivation von anderen

Menschen in Machtpositionen

Die Systeme, die wir aufbauen (oder zerstören)

Die Kultur unserer Gemeinschaften

Die Zukunft kommender Generationen

Wie wir die Zukunft sehen

FRÜHSTÜCK: eine Fallstudie

Sehen wir uns mal an, welche Auswirkungen ein kleiner Teil deines Tages auf die ganze Welt hat. Schau dir morgen früh mal deine Frühstückszutaten an und stell dir selbst drei Fragen*.

*Diese Fragenliste ist nicht vollständig. Welche Möglichkeiten einem offenstehen, hängt immer von der individuellen Lebenssituation ab. Diese Liste ist nur ein Beispiel für Fragen, die wir uns stellen KÖNNEN.

WO kommen die Lebensmittel her?

Wurden sie importiert und haben deshalb hohe CO_2-Emissionen verursacht? Oder werden sie lokal angebaut und sind deshalb saisonal, gesünder und besser für die regionale Wirtschaft?

WER hat sie produziert?

Wurden die Arbeiter gut behandelt und fair bezahlt?

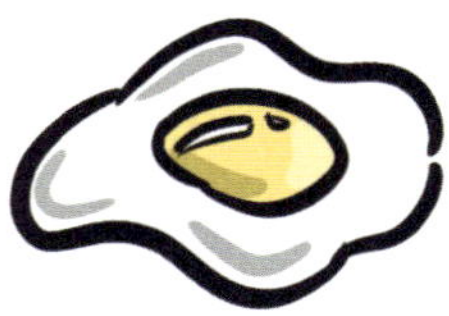

Wurden die Tiere artgerecht gehalten?

WIE sind sie verpackt?

Sind sie umweltschädlich verpackt?

Gäbe es eine nachhaltigere Alternative für dich?

Hoffen ist ein Verb.
Es ist ein Tunwort.
Das „Tun“ erfordert Kraft
und Widerstandsfähigkeit.
Deshalb musst du dich gut
um dich selbst kümmern,
wenn du optimistisch
bleiben willst.

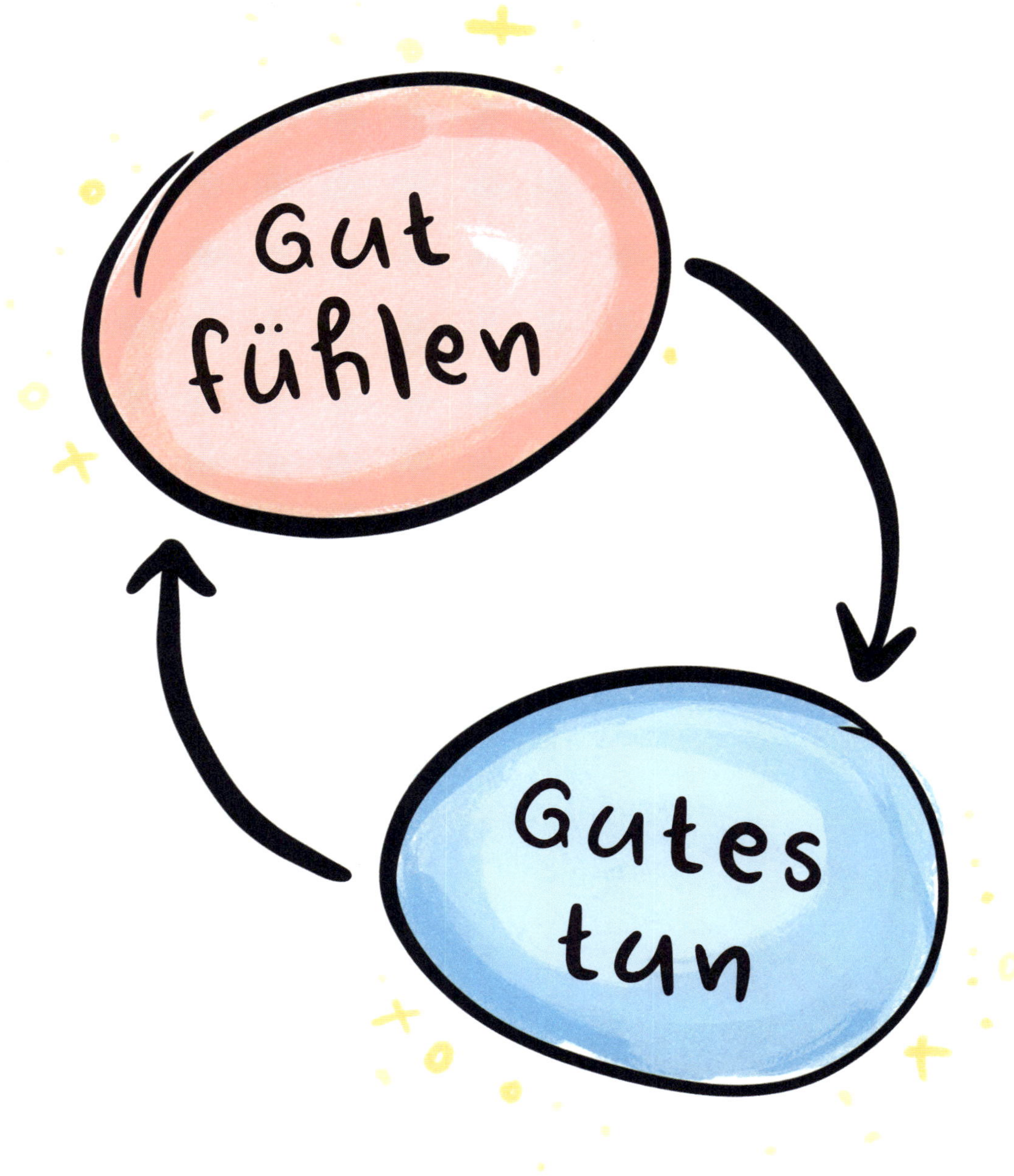
Gut fühlen
Gutes tun

Nachhaltigkeit bedeutet, dass wir unsere Bedürfnisse und die Bedürfnisse der anderen und unserer Zukunft ins Gleichgewicht bringen müssen.

Die Kunst der Nachhaltigkeit wird oft mit einem dreibeinigen Hocker dargestellt. Jedes Stuhlbein stellt eine Säule unserer Gesellschaft dar (Wirtschaft, Umwelt und soziale Gerechtigkeit).

Wenn eines der Beine ignoriert wird, kürzer ist oder sogar zerbricht, wird die Balance zerstört. Der Planet kann dann nicht mehr richtig funktionieren.

Das Gleiche gilt auch für uns. Jeder Mensch hat drei Säulen: Körper, Geist und Seele. Wir brauchen alle drei, um stark zu sein.

Wie bei unserem Planeten, müssen wir auch bei uns selbst abwägen, was wir nehmen und was wir wieder zurückgeben. Es ist entscheidend, dass wir unser Wohlbefinden priorisieren, damit wir optimistisch bleiben und Gutes tun können.

Sonst →

Schauen wir uns deine Säulen an

Bewerte, wie zufrieden du mit diesen Säulen deines Lebens bist:

Mach es zu einem kleinen Ritual, mithilfe dieser Seite dein Wohlbefinden einzuschätzen und herauszufinden, welche Bedürfnisse du gerade hast.

Ideen für deinen Geist
Rufe einen lieben Menschen oder eine professionelle Beratung an.
Geh Leute beobachten.
Schreibe deine Gedanken auf.
Lerne etwas Neues.
Mach Sport.
SCHAU ETWAS INSPIRIERENDES AN.
TRAURIGES TAGESBLATT
FRUST & ELEND
LEID
Meditiere.
Verbringe Zeit mit deinen Lieben.
Lege eine Social-Media- und Nachrichten-Pause ein (oder setze dir zumindest ein Zeitlimit).

Ideen für deinen Körper
Trinke Wasser (langweilig, aber wichtig!).
Laufe.
Iss viel Gemüse.
Priorisiere deinen Schlaf
und deine Erholung
DEHNE DICH.
Beobachte und notiere, wie du dich fühlst, wie viel Energie du hast, deinen Zyklus usw.
Bewege deinen Körper (so wie es dir Spaß macht).
Verbringe Zeit in der Natur.
Lass deine Füße die Erde berühren.

Ideen für deine Seele
Halte nach Wundern ausschau.
Finde die Schönheit in allem.
Hab Spaß!
TANZE.
Integriere Rituale in deinen Alltag.
Bete.
Knuddle (d)ein Haustier.
Höre oder mach Musik.
Entdecke neue Orte (und verlaufe dich!).

Wie du gesund bleibst

KENNE. DEINE. SIGNALE.

Ein Burn-out entsteht selten über Nacht. Achte auf die Hinweise, die dir signalisieren, dass du dich besser um dich selbst kümmern solltest. Jeder Mensch ist anders, aber hier sind ein paar Beispiele.

Achte auf deine Signale, damit du nicht irgendwann ausbrennst.

DIE DANKBARKEITS-DENKWEISE

Eine kraftvolle, energiespendende Angewohnheit, die wir alle nutzen können, ist ein

DANKBARKEITSRITUAL.

Nimm dir jeden Tag einen kleinen Moment Zeit und überlege dir drei Dinge, für die du dankbar bist.

Ein Dankbarkeitsritual soll dich nicht unbedingt an die Dinge erinnern, die du hast. Es soll dich vor allem daran erinnern, nach ihnen Ausschau zu halten.

STÄRKE DEINE WIDERSTANDSKRAFT

Unser Weg in eine bessere Zukunft ist kein Kurztrip, sondern ein Langstreckenflug. Wir müssen deshalb unsere Widerstandsfähigkeit behutsam aufbauen, damit wir nicht irgendwann entkräftet aufgeben. Und auch auf unsere Mitreisenden sollten wir gut aufpassen, ganz besonders natürlich auf die schwächsten von ihnen.

Wir müssen wie Wildgänse sein, die gemeinsam Richtung Süden fliegen.

Schau mal nach oben in den Himmel, wenn die Wildgänse vorbeiziehen. Du wirst bemerken, dass sie in einer V-Formation fliegen. Der Leitvogel, der an der Spitze fliegt, hat dabei die schwierigste Aufgabe, denn er muss den Weg weisen und ist dabei dem stärksten Gegenwind ausgesetzt.

Die anderen Zugvögel wissen das und helfen ihrem Anführer. Jeder ihrer Flügelschläge erzeugt einen Luftstrom, der den Leitvogel antreibt. (Wenn Bette Midler „You are the wind beneath my wings" singt, dann singt sie eigentlich über Wildgänse. Oder über Freundschaft. Aber ich bin mir ziemlich sicher, dass es um Gänse geht.) Wenn der Leitvogel müde wird, lässt er sich nach hinten in eine einfachere Position zurückfallen. Eine andere Gans übernimmt dann seine Stellung an der Spitze. Wenn eine Gans krank wird oder erschöpft ist, fliegt die Gruppe weiter. Die Gans wird dann von zwei anderen Tieren zurück zur Erde begleitet. Die beiden anderen Gänse halten sie warm und beschützen sie, während sie sich ausruhen kann. Falls und wenn die Gans sich erholt, fliegen die Gänse gemeinsam zurück zu ihrer Gruppe.

Geh achtsam mit deiner Energie
und der deiner Mitreisenden um.
Behalte deine
Gänseenergie im Blick.
Behalte ihre Gänseenergie
im Blick.
Respektiere beides.

Wie steht es um deine Gänseenergie?

Leitvogel

Du bist voller Energie und bereit, andere anzuführen.

Zurückfallende Gans

Du hast schon eine Weile die Führung übernommen und brauchst eine Pause.

Erschöpfte Gans

Du musst dich ausruhen und umsorgt werden.

Unterstützende Gans

Du bist Teil der Bewegung und hebst andere empor.

Mit jeder Entscheidung veränderst du jeden Tag die Welt auf unzählige Weise …

Wie
wundervoll!

Schritt 5

Fang EINFACH AN!

Hoffnung bedeutet nicht, deine Augen vor den schlimmen Problemen der Welt zu verschließen und dir zu wünschen, dass sie einfach verschwinden. Es geht darum, sich eine bessere Zukunft auszumalen und dann Schritte zu unternehmen, ganz egal wie klein, um aus dieser Vision Wirklichkeit werden zu lassen.

Du kannst nicht **alles** machen. Das kann niemand.
Aber du kannst **etwas** machen.

Wenn du dich bereit fühlst, etwas zu unternehmen, musst du dir nur noch darüber klar werden, was genau du anpacken möchtest.

Das heißt nicht, dass du dir nur eine Sache aussuchst und den Rest ignorierst, im Sinne von „Rette die Kinder, vergiss die verdammten Eisbären!". Nein. Es geht darum, dir eine Sache auszusuchen, und zwar genau jetzt. Mach einfach den Anfang und lass dich von deiner Motivation, Neugierde und deinem Mitgefühl leiten.

Während du deinem Weg folgst und eine Lichtgestalt der Hoffnung und des Guten in der Welt bist, werden immer mal wieder unerwartete Wendungen auf dich warten. Aber keine Sorge, du musst noch nicht genau wissen, wo du landen wirst, du musst einfach nur anfangen.

Finde deinen Anfang

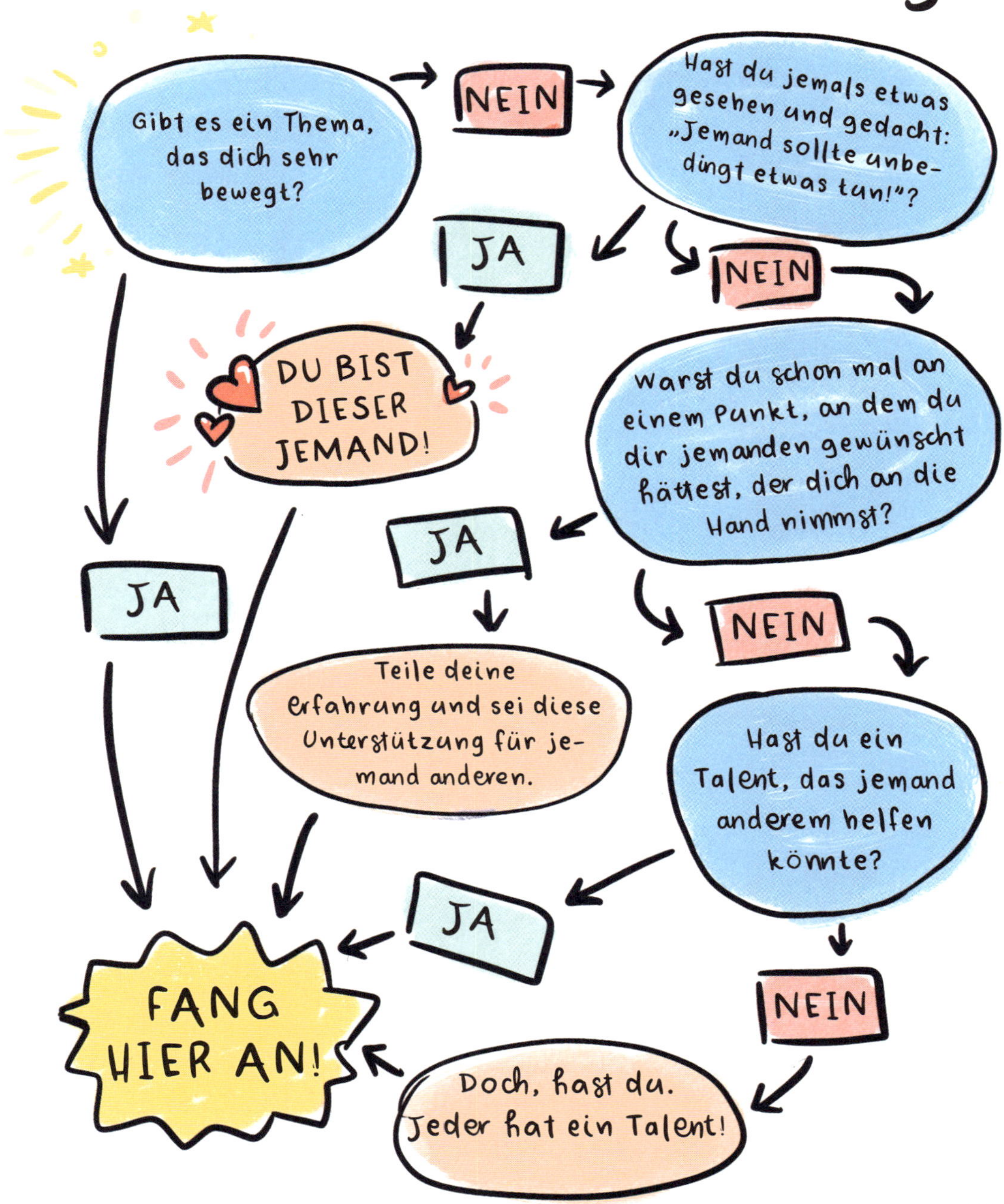

Helfen kann man auf unterschiedliche Art und Weise. Du musst einfach nur irgendwie anfangen! In welcher typischen Rolle des Helfers siehst du dich?

die Heilerin

die Freudeschenkerin

die Spendensammlerin

die Aufräumerin

die Kümmerin

die Mentorin

die Wissenschaftlerin

das gute Beispiel

die Organisatorin

die Aktivistin

die Macherin

die Ingenieurin

die Lehrerin

die Glücklichmacherin

die Künstlerin

die nachhaltige Unternehmerin

die Expertin

die Designerin

die Sprecherin

die Zahlenjongleurin

die Mitmacherin

* Natürlich sind nicht nur weibliche Personen, sondern alle Mensche mitgemeint!

Jeder Mensch
hat der Welt etwas
Einzigartiges und
Brillantes zu bieten,
wenn wir nur mutig
genug sind!

Du fragst dich, wie du deine Stimme finden sollst?

Was sind deine …

werde aktiv mit

deiner/deinen ...

Du musst nicht alles machen. Wähle eine Sache aus.

Alle großartigen Dinge beginnen ganz klein.

Frag nur mal eine Eichel.

Wie du bei etwas Erfolg hast (oder tatsächlich bei allem)

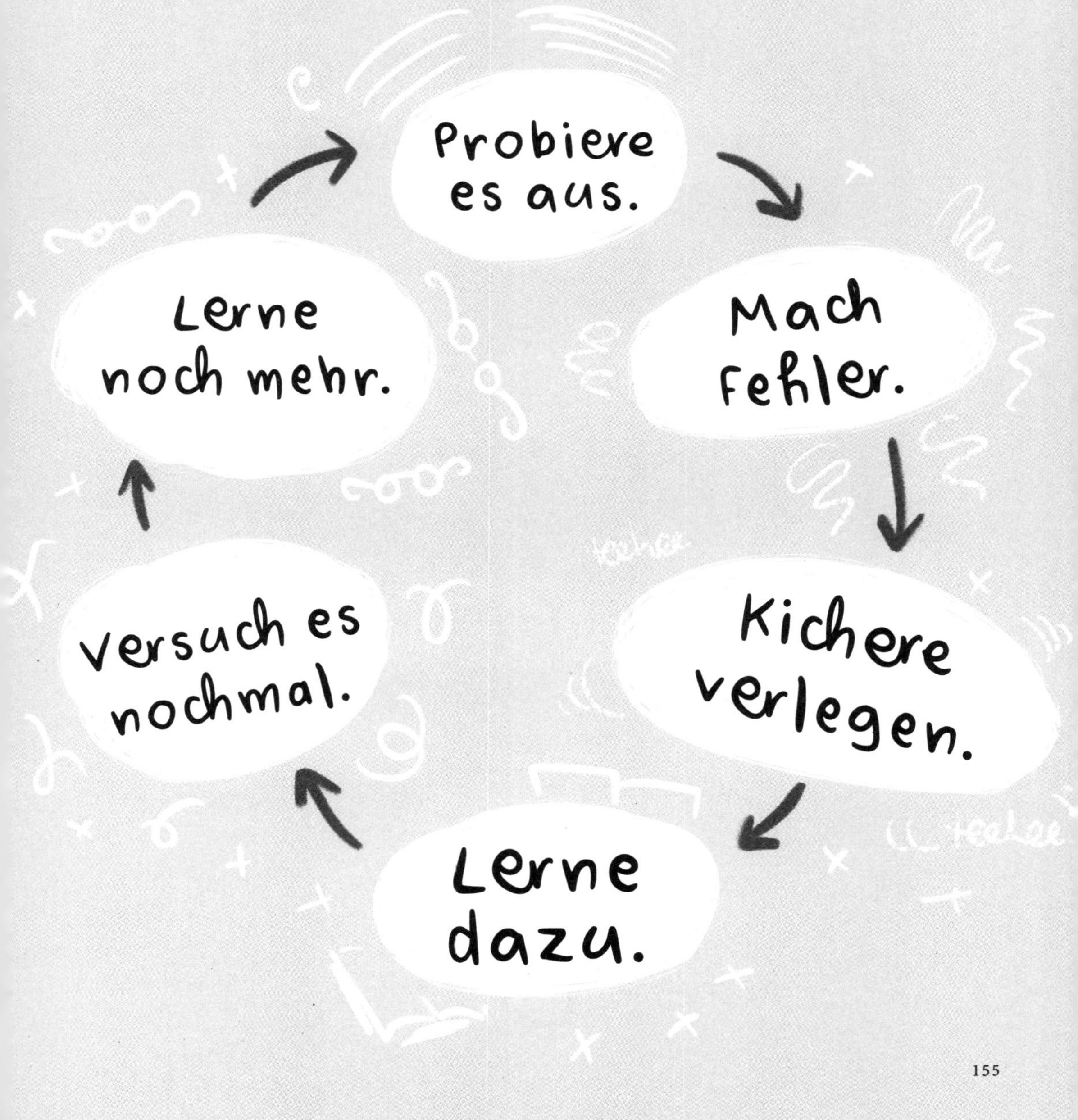

Immer noch unsicher, wo du anfangen sollst?

Schau dir das große Ganze an.

Jetzt zoom mal rein.

Zoom noch mehr.

Und noch mehr.

Starte hier.

Wie es sich anfühlt, wenn man dich darum bittet, die Welt zu verändern.

VS.

Wie es sich anfühlt, wenn man dich darum bittet, deine Gemeinschaft zu verändern.

DENKE GLOBAL,
HANDLE LOKAL.

Wenn wir uns die Welt wie einen riesigen Teich vorstellen (was sie ja quasi ist), können wir verstehen, dass wir nicht nur kleine Wellen von „dort drüben" (global) spüren, sondern gleichzeitig auch kleine Wellen aussenden (lokal).

Sei eine lokale Legende!

Werde Teil einer lokalen Tauschgruppe. Ihr könnt Gemüse, Obst, Eier und andere Produkte tauschen.
Stell dich bei deinen Nachbarn vor und biete ihnen deine Hilfe an (vor allem Nachbarn, die schon älter oder anderweitig eingeschränkt sind).
Lerne deine Umgebung kennen. Sei ein Tourist in deiner eigenen Stadt.
Wenn du draußen Müll findest, sammle ihn auf. Die Schweden nennen das „Plogging".

Wie du helfen kannst

1. Bemerke ein Problem.
2. Sei ~~superheldenhaft~~ menschlich.
3. Biete Hilfe an.

In Australien waren und sind Buschbrände schon immer ein Teil des Lebens. Allerdings begann die Feuersaison 2019/20 besonders früh und erste Brände brachen schon im Oktober aus. Die Brände waren besorgniserregend (wie immer), aber schienen nicht weiter ungewöhnlich zu sein. Bis sie immer größer und größer wurden. Im Januar schaute dann die ganze Welt voller Entsetzen zu, wie apokalyptische Bilder über die Fernsehbildschirme flimmerten.

Als Australierin (wenn auch eine von der Westküste und somit weit weg von der buchstäblichen Feuerlinie) kann ich sagen, dass die Stimmung eine Mischung aus Besorgnis, Angst und Trauer war. An der Westküste waren ganze Städte in dicken Rauch gehüllt, es sah aus wie am Set eines dystopischen Films.

Die Feuer waren ein David-gegen-Goliath-Moment. Ihre Ausbreitung war so groß, dass die Menschen dagegen nicht den Hauch einer Chance hatten. Die Situation fühlte sich vollkommen aussichtslos an.

Doch dann passierte etwas.

**Die Menschen fingen an, das zu tun,
was sie tun konnten.
Ganz egal, was es war.**

Ältere Helfende verteilten Carepakete.

Menschen aus der ganzen Welt spendeten Geld für die betroffenen Menschen, Tiere und Orte.

Ein Bild der

Musiker veranstalteten Benefizkonzerte.

Leute spendeten ihre Wäschekörbe und ihre Zeit, um verletzte Koalas aufzupäppeln.

Obdachlos gewordenen Menschen wurde von einem sudanesischen Geflüchteten und seiner Freundin ein Bett und eine Mahlzeit angeboten. Gemeinsam veranstalteten sie ein Konzert mit Löffeln als Instrumenten und einer Taschenlampe für Lichteffekte.

Künstler und Fotografen verkauften ihre Werke, um Spenden zu sammeln.

Helfenden

Einrichtungen für Kinder boten kostenlose Kinderbetreuung für alle an, die ihr Zuhause verloren hatten oder beim Kampf gegen die Flammen halfen.

Sikhs verschenkten Essen an Menschen, die von den Bränden betroffen waren.

Farmer stellten ihr Land für die Tiere anderer Farmer zur Verfügung, deren Grundstücke Schaden genommen hatten.

Die Komikerin Celeste Barber nutzte ihren Onlineauftritt, um 50 Millionen Dollar zu sammeln.

Einige strickten Beutel, um verletzten Tieren zu helfen.

Menschen im ganzen Land organisierten Spendenaktionen, um Essen, Kleidung, Spielsachen und Möbel zu sammeln.

Natürlich löschten diese guten Taten nicht die Brände (glücklicherweise half der Regen den Feuerwehrleuten), aber sie trugen dazu bei, die Gemeinschaften zu vereinen und den Menschen neue Energie zu schenken.

Über Politik

Es klingt ironisch, aber es gibt etwas Entscheidendes, was jeder Einzelne tun sollte und was doch nur als Gemeinschaft überhaupt möglich ist. Ich rede natürlich vom Wählen. Oder wie mein 16-jähriges Ich sagen würde: „Igitt, Politik!“

Oh, mein niedliches Teenager-Ich! Ich sehe es vor mir, wie es da sitzt mit all seinen Privilegien und in Regenbogen-Dr.-Martens. Ich werfe mir nicht vor, dass ich damals nicht an Politik interessiert war. Ich hatte schließlich noch keine Ahnung, dass meine bloße Existenz bereits politisch ist. Ich hatte außerdem nicht verstanden, dass mein Recht zu wählen (zumindest als ich 18 wurde) ein Recht war, dass sich Frauen lange hart erkämpfen mussten und das heute immer noch vielen Frauen verwehrt bleibt.

Ich dachte auch, dass ich über alles genau Bescheid wissen müsse, um ein Mitspracherecht zu haben. Ich habe den leisen Verdacht, dass viele Erwachsene das glauben. Wie oft hast du schon jemanden sagen gehört (oder selbst gesagt): „Oh, ich bin einfach kein politischer Mensch“, um sich aus einem Gespräch herauszuwinden?

In einer Welt, in der schlechte Politik gemacht wird und gute Politik fehlt, sollten wir unser Recht zu wählen allerdings mehr als Pflicht sehen.

Bist du ein politischer Mensch?

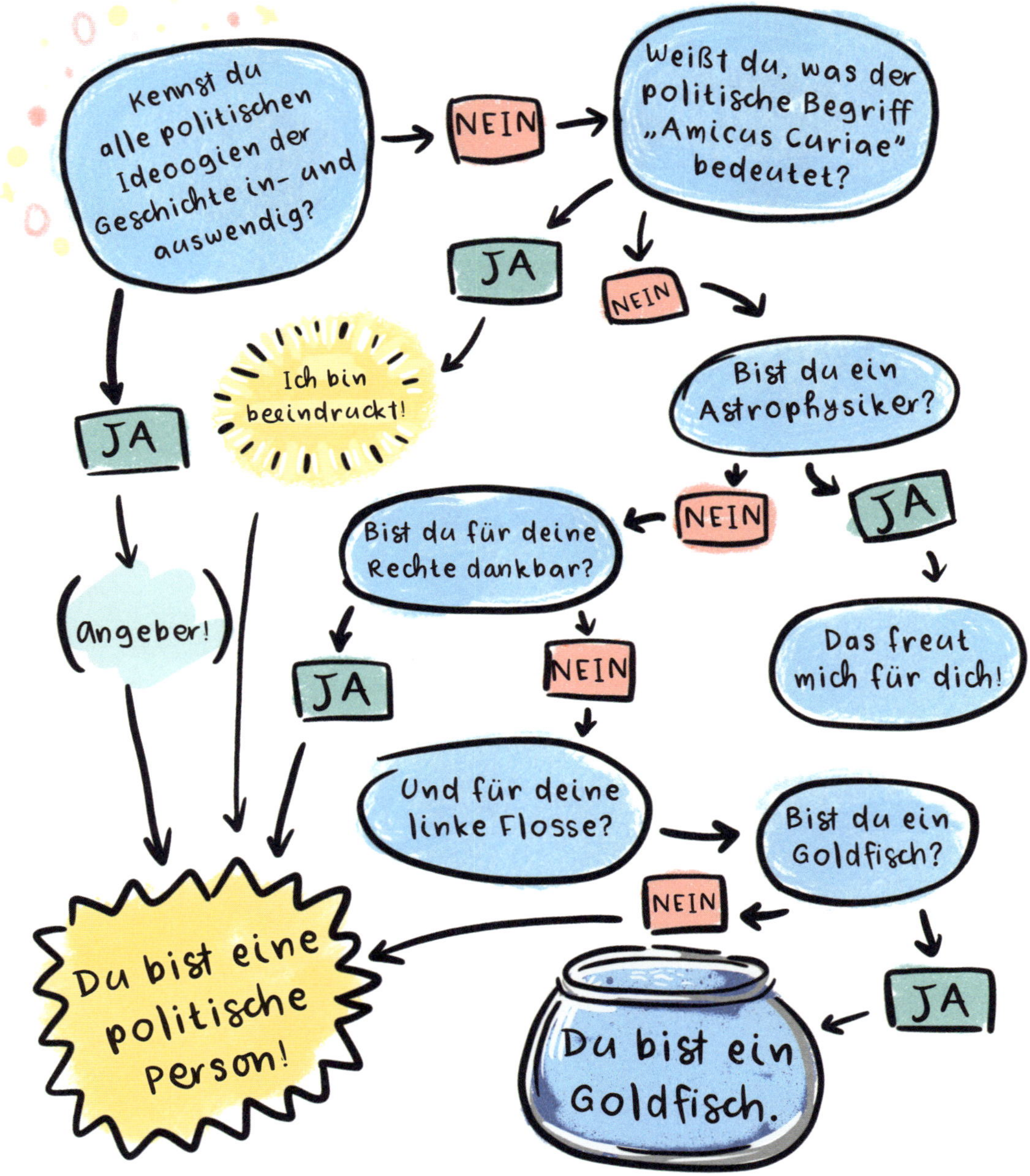

Wichtige Durchsage:
Du musst nicht
perfekt sein,
um die Welt zu
verändern.

Unvollkommene Menschen, die etwas bewirken

Die Veganerin, die ab und an ein Stückchen Käse isst

Der neue LGBTQ+-Verbündete, der manchmal die falschen Pronomen benutzt, aber aus seinen Fehlern lernt

Die Person, die ihren Plastikmüll reduziert hat, aber bei Essensverschwendung noch dazulernen möchte

Die Person, die einen Fehler begangen hat, sich aber bemüht

Die Person, die lernt, ihre alten Ansichtsweisen zu hinterfragen

Die Person, die den Planeten Erde liebt, aber für ihren Job viel fliegen muss

Die Achterbahnfahrt

der Verhaltensänderung

Fülle diesen Brief an dich selbst aus

Liebes Ich,

ich bin eine absolute Legende, denn ich habe mich dazu entschieden, selbst die Veränderung zu sein, die ich mir wünsche. Und jetzt habe ich mehr Klarheit darüber, was ich genau machen will.

Ich habe mich entschieden, meinen Fokus (erst mal) auf ______________________ zu richten, weil ich in einer Welt leben will, ____,

in der ____.

und ich glaube an ______________________________________ und

Ich brenne für ____

möchte ______________________ helfen, indem ich ______________________

____.

Mein GROSSER Traum ist es, die Welt zu verändern, indem ich __________

____.

Ein großartiges Ziel, wenn du mich fragst. Aber ich weiß, dass es Zeit und Ausdauer braucht, also werde ich versuchen, mich nicht selbst zu verheizen, indem ich alles auf einmal mache.

Stattdessen fange ich mit dem an, was ich schaffe.

Ich kann ____

und ____.

und ____

____.

Ich verspreche, ____

Ich weiß, dass ich mein Ziel erreicht habe, wenn ______________________

____, und dann werde ich von vorne anfangen und mir ein neues Ziel setzen.

Auf diese Art und Weise werde ich die Welt verändern, so wie auch alle anderen Menschen vor mir.

Alles Liebe

Ich

PS: Du schuldest mir immer noch fünfzig Kröten.

MYTHOS

Motivation
führt zu
Handeln

WAHRHEIT

Handeln
führt zu
Motivation

Falls du jemals gedacht hast: „Wow, irgendjemand sollte wirklich etwas unternehmen", denk dran:

Du bist
dieser
Jemand!

Schritt 6

Finde DEINE LEUTE!

Es gibt viele Tiere, die Einzelgänger sind und nicht in einer Gruppe leben … zum Beispiel Schneeleoparden, Bären oder der Tasmanische Teufel. Bei Menschen sieht das allerdings anders aus. Genauso wie Katzen und Nacktmulle sind auch wir soziale Wesen. Wir brauchen unsere Sippe, unseren Stamm, unsere Gemeinschaft.

Soziale Gruppen sind nicht nur gut für unsere Seele (obwohl sie das natürlich sind), sie sind unerlässlich für unser körperliches, emotionales und spirituelles Wohlbefinden. Wenn sich ein Mensch in der Steinzeit von seiner Gruppe entfernte, hatte er keine Chance, in der freien Wildbahn zu überleben. Heute ist das genauso, auch wenn wir uns keine Sorgen mehr um Säbelzahntiger machen müssen.

Unsere größte Stärke ist und bleibt unsere Gemeinschaft.

Mit dem Einzug der Technik und der sozialen Medien und dem Aufkommen des Individualismus fühlt es sich manchmal so an, als könnten wir es auch allein schaffen.

**Spoileralarm:
Können wir nicht.**

Brauchst du eine Gemeinschaft?

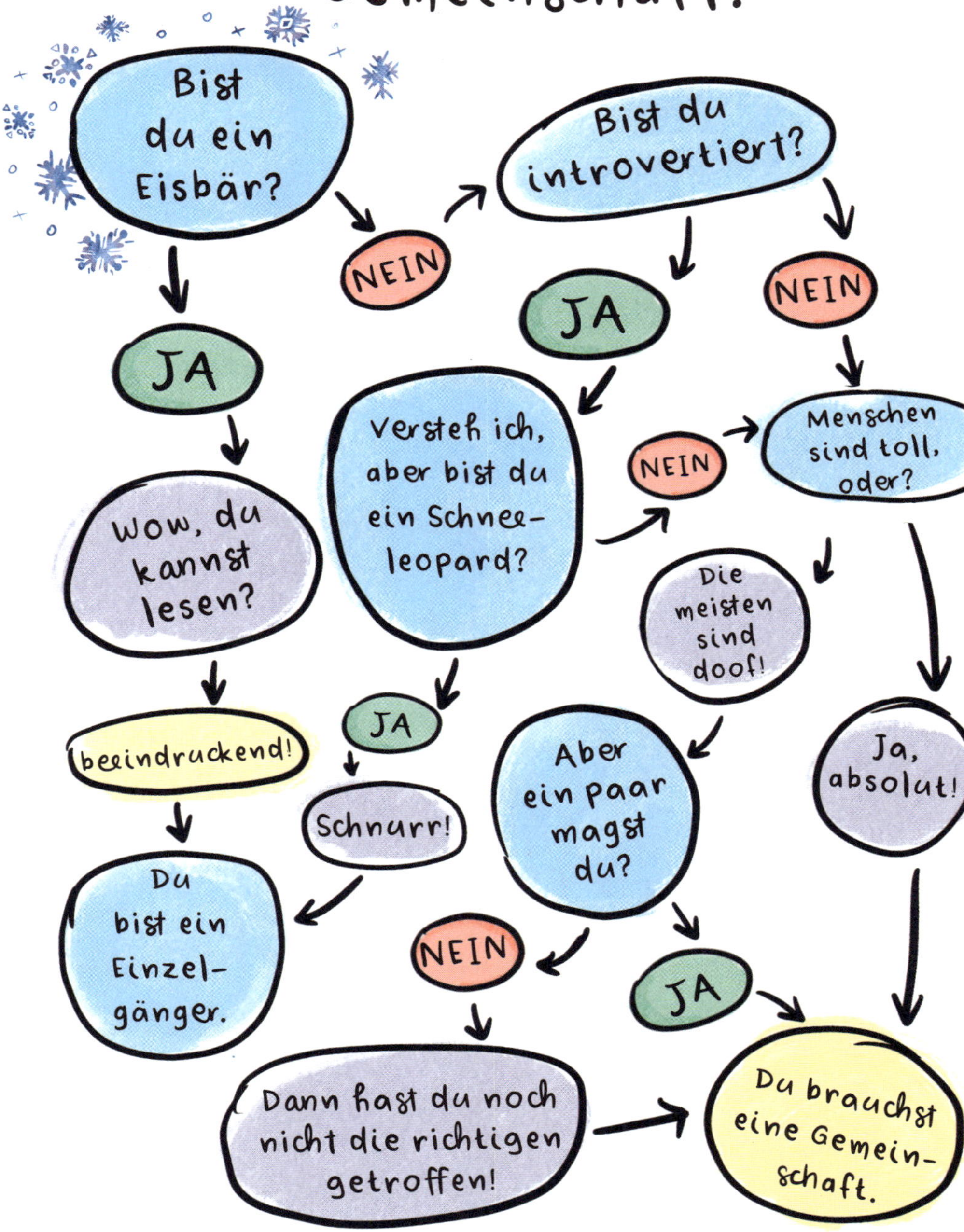

Eine Gemeinschaft ist im Grunde eine Gruppe Menschen, die eine Gemeinsamkeit verbindet. Diese Gruppe kann groß oder klein sein, kann sich online begegnen oder persönlich.

Wir können ohne Online-Gemeinschaften überleben, aber wir können nicht ohne echten menschlichen Kontakt überleben.

Er ist unverzichtbar für ein langes, gesundes Leben.

Gemeinschaften können entstehen durch Verbindungen von

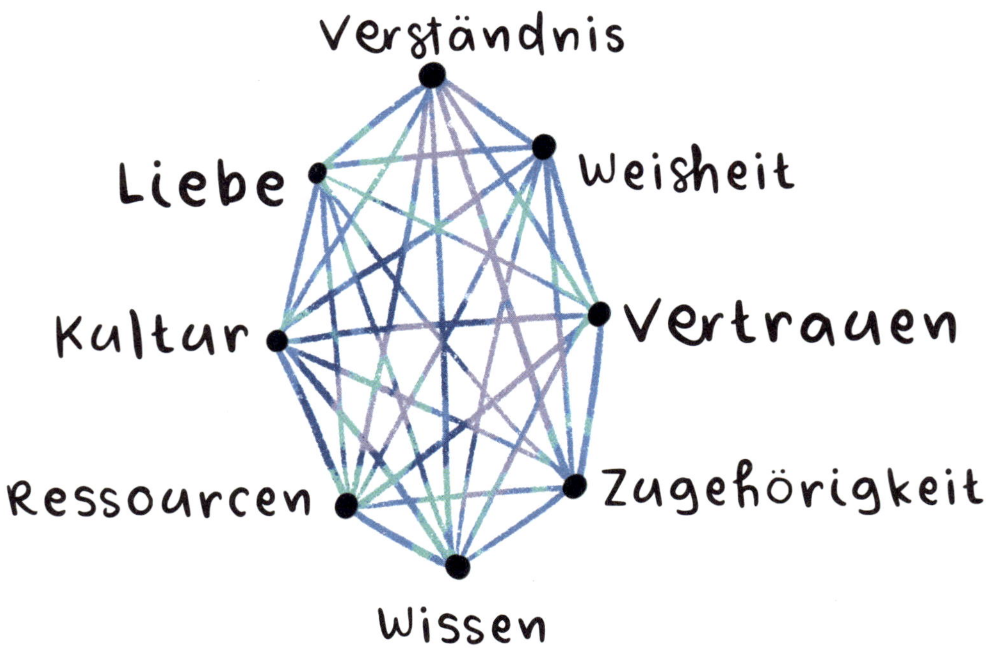

W
ME

Die meisten von uns wollen das Gefühl haben, in unserer Nachbarschaft dazuzugehören. Wenn das nicht der Fall ist, gehen wir meistens davon aus, dass es einfach nicht „diese Art von Nachbarschaft" ist. Oder dass unsere Nachbarn anders sind als wir und unser Freundeskreis.

Die Sache ist aber, eine Gemeinschaft – genau wie Hoffnung – ist nichts, über das man einfach stolpert. Es ist etwas, was du selbst erschaffst und an dem du aktiv teilnimmst. Die Magie von Gemeinschaften, die auf einem gemeinsamen Ort beruhen, liegt darin, dass wir Beziehungen zu ganz unterschiedlichen Menschen aufbauen, die nicht unbedingt unsere Ansichten teilen und bekräftigen.

Im Jahr 2017 gründete die Visionärin Tessy Britton das *Every One Every Day*-Projekt, um den Zusammenhalt in zwei Londoner Stadtteilen zu stärken. Die Veränderung war bemerkenswert. Vielen Menschen ging es mental und physisch zunehmend besser. Sie nahmen außerdem häufiger an lokalen Aktivitäten teil. Fähigkeiten wurden miteinander geteilt. Gemeinschaftsprojekte florierten. Sogar die Wahlbeteiligung stieg.

Andere Gemeinschaften nehmen sich mittlerweile an Tessys Vorgehen ein Beispiel, um ihre eigenen sozialen, ökologischen, wirtschaftlichen und kulturellen Standards zu verbessern. Je mehr Projekte es gibt, desto stärker ist die Gemeinschaft. Mitmachen ist nämlich ansteckend!

Warum solltest du Kontakte knüpfen?

Sich unter Leute zu mischen, egal wie ähnlich oder anders sie sind, bietet verschiedene Vorteile.

	ÄHNLICH	ANDERS
MEINUNGEN	Verständnis & Trost	Gespräche & Neues lernen
LEBENSWEISE	Vertrautheit & Mitgefühl	Neue Perspektiven & Erkenntnisse

Wie wir an unserem Wohnort Anschluss finden

Nur wenn du ganz du selbst bist, ziehst du andere Menschen an.

Versteckte Freundschaften

Ist dir das auch schon mal passiert? Du siehst jemanden regelmäßig. Vielleicht sitzt du im Unterricht oder im Bus oder in der Bibliothek neben dieser Person.

Ihr seid freundlich zueinander und sagt immer Hallo.

Vielleicht grinst du die Person verlegen an.

Aber es bleibt bei einer Begrüßung.

Doch eines Tages siehst du diese Person an einem „deiner Orte“ wieder. Einem Ort, der mit deinen Interessen und Hobbys oder deiner Vision für die Zukunft zusammenhängt. Ein Ort, an dem du diese Person nicht erwartet hättest.

Eine Verbindung wird geknüpft, ein gemeinsames Interesse wird gefunden. Eine Freundschaft nimmt ihren Anfang – eine Freundschaft, die aber schon viel länger existiert und einfach nur darauf gewartet hat, entdeckt zu werden.

Wenn du nur mutig genug gewesen wärst, ein Gespräch zu beginnen.

Finde DEINE Leute

Interessensgemeinschaften bieten dir die Möglichkeit, dich leidenschaftlich über die Themen und Hobbys auszutauschen, für die du brennst. Das kann persönlich sein, online oder sogar per E-Mail, wenn du eher der nostalgische Typ bist.

Kurse und Treffen

Selbsthilfe-gruppen

Gemeinschaftsprojekte …

und Tauschbörsen

Veranstaltungen für spezielle Interessen
Religiöse und spirituelle Gruppen
Mannschafts-sport
Lese-gruppen
Politische Gruppen
Theater- und Musikgruppen

Zusammen die Welt verändern

Eine meiner besten Freundinnen, Jacinta, liebt ihre Näh-Gemeinschaften. Sie nimmt an Näh-Wochenenden teil, sie gibt ehrenamtlich Näh-Kurse, sie häkelt, sie strickt, sie gestaltet Patchwork-Decken. Jacinta hat viele verschiedene Talente, aber eines ihrer größten ist die Art und Weise, wie sie jeden Menschen mit Herzlichkeit überschüttet.

Als ich einmal mit ihr herumhing, zog Jacinta eine Häkelnadel und einen kleinen gelben Kreis aus ihrer Handtasche. Ich fragte sie, was das sei.

Eine Online-Näh-Community, in der sie Mitglied war, hatte ein Muster hochgeladen und alle Mitglieder dazu aufgefordert, ein Gänseblümchen zu häkeln. Aus den Gänseblümchen sollte eine Decke entstehen, die für einen guten Zweck versteigert werden sollte. Am Ende wurden aber so viele Gänseblümchen aus der ganzen Welt eingeschickt, dass drei Decken entstehen konnten.

Sich hinzusetzen und eine ganze Decke zu häkeln, ist ein gigantischer Aufwand und ein Projekt, das zu überwältigend erscheint, um überhaupt damit anzufangen. Wenn man es aber in viele kleine Stücke aufteilt und jeder sich um seinen eigenen Teil kümmert, ist es im Nu geschafft. Hunderte niedliche Gänseblümchen, die zu Decken verbunden werden und nur aus Wolle und Liebe bestehen …

So kann man sich das Weltverändern vorstellen.

„Glaubst du, dass ich die Welt verändern kann?"
„Natürlich kannst du das! Und das Beste ist, ...
... wir machen es zusammen!"

Ich fühlte mich wie ein winziges Teilchen in
einem unglaublich komplizierten Puzzle.

Aber die Wahrheit ist, jeder von uns ist ein winziger
Faden, der untrennbar mit anderen Fäden verbunden ist.

Wir sind so viel stärker,
wenn wir alle miteinander
verknüpft sind.

Städtische Nutztierhaltung
Ehrenämter wie Obdachlosenhilfe
Lebensmittel anbauen & tauschen
Bauern-märkte
TEILEN!
Gemein-schaftsprojekte, die Menschen zusammen-bringen
Filmabende in der Nachbarschaft
Naturschutz-gruppen
Wander-gruppen
Sportgemein-schaften wie Frühschwimmer
Gemeinsame Vogel-beobachtungen

You can't make
a community
without „U"!

Wie du eine Verbündete für deine Gemeinschaft sein kannst

Ich bin eine weiße, körperlich gesunde Cisgender-Frau, die zur Mittelschicht gehört. Mein ganzes Leben lang hatte ich Zugang zu medizinischer Versorgung und Bildung, sauberem Trinkwasser, reichlich Nahrung und einem warmen Bett. Ich war noch nie (direkt) von Krieg, Hunger, Terrorismus oder einem autoritären Regime betroffen.

Ich habe schon fast mein ganzes Leben eine generalisierte Angststörung und zusätzlich ADHS, wovon die meisten Menschen glauben, dass es für Aufmerksamkeitsdefizit- und Hyperaktivitätsstörung steht, aber eigentlich macht es mich nur außergewöhnlich mutig und besonders einzigartig.

Das bedeutet also, dass ich bis zu einem gewissen Grad weiß, wie es sich anfühlt, diskriminiert zu werden. Aber eben nicht ganz. Ich musste noch nie aufgrund meiner Hautfarbe, meiner Religion oder eines Mangels an Mitteln oder Unterstützung um mein Leben fürchten. Ich kann also niemanden aufrichtig über diese Dinge aufklären, und ich empfehle dir, dich an Leute zu wenden, die selbst betroffen sind, um mehr darüber zu erfahren.

Allerdings kann ich ein paar Sachen teilen, die ich im Laufe meines Lebens dazugelernt (oder abgelegt) habe.

Wenn die Zukunft nicht für alle besser ist, dann lohnt es sich nicht, für diese Zukunft zu kämpfen. Sei dir deiner Privilegien bewusst und setze dich für diejenigen ein, denen diese verwehrt bleiben.

Schau dir deine Privi-legien an

„Privilegien" zu haben, bedeutet nicht, dass dein Leben nicht schwierig ist. Es bedeutet nur, dass es nicht aufgrund von Umständen, über die du keine Kontrolle hast – wie deine Hautfarbe, dein Glaube, deine finanziellen Mittel, dein Zugang zum Gesundheitswesen und so weiter –, schwierig ist.

Verpflichte dich, dein Leben lang zu lernen …

… und manche Dinge abzulegen!

Wenn du etwas über die Geschichte lernst, frage dich:

Aus wessen Sicht-weise wird berichtet?

Wessen Sichtweise fehlt?

Höre denjenigen zu, die etwas persönlich erlebt haben.

Teile das Rampenlicht (also deine Sichtbarkeit!).
Versuche die Welt zugänglicher und inklusiver zu gestalten.
Stell dich an die Seite derer, die weniger Privilegien haben. Und wenn nötig: Stell dich schützend vor sie.

Eine einzelne Person
kann einen
Hoffnungsfunken
entzünden, ...

… aber eine Gemeinschaft kann daraus ein Lichtermeer des Fortschritts entfachen.

SCHLUSSGEDANKEN

Wir schaffen das!

Hier sind wir also am Ende des Buches angelangt und stehen hoffentlich am Anfang der Veränderung unserer Sichtweise auf die Zukunft.

Eine bessere Zukunft zu gestalten, ist kein Spaziergang (außer du nimmst an einer Demo teil), aber das ist okay. Wie die Autorin Glennon Doyle bekanntermaßen sagte: „We can do hard things."

Man kann nicht abstreiten, dass Veränderung unbequem ist – und dass wir uns ständig verändern. Unser Körper, unser Leben, unsere Welt verändert sich ständig und mit jedem neuen Augenblick. Das ist der Lauf der Dinge. Der Trick ist, zu akzeptieren, dass Veränderung, auch wenn sie manchmal unbequem, langsam und chaotisch ist, auch zu wunderschönen Ergebnissen führen kann.

Kannst du dich noch erinnern, wie du als Kind gelernt hast, dass aus einem glitschigen, grünen Würmchen (okay, einer Raupe) zuerst eine Puppe und später ein prächtiger Schmetterling wird? So einfach und doch so eindrücklich. Aber fast niemand redet darüber, was im Kokon eigentlich passiert. Wie sieht „Veränderung" überhaupt aus?

Damit aus einer Raupe ein Schmetterling werden kann, löst sie sich quasi in Raupensuppe auf. Ja, unser kleiner Freund wird nahezu vollständig zersetzt. Es ist ein unbequemer, hässlicher Vorgang, aber Raupen sind nicht die Einzigen, die Unwohlsein bei Veränderung spüren. Schlangen sind besonders aggressiv, wenn sie sich häuten. Viele Vogelarten ziehen sich zurück und werden motzig, wenn sie sich mausern. Und fangen wir erst gar nicht mit Menschenkindern an, die gerade die Pubertät durchlaufen.

Veränderungen sind schwer. Und Himmel, ist es gerade ungemütlich für uns!

Hoffnung zu haben, bedeutet, sich die Raupensuppe anzuschauen und zu verstehen, dass sie irgendwie, unerklärlicherweise und beinahe völlig unmöglich das Potenzial hat, zu einem Schmetterling zu werden.

Hoffnung ist nicht der Schmetterling. Hoffnung ist die Raupe.

Wenn sich die Dinge für dich gerade anfühlen wie „Suppe“ – wie aufregend! Wir haben die Reise angetreten. Die Welt fühlt sich vielleicht gerade unbequem an, die Veränderungen mögen langsam vorangehen, aber sie haben begonnen. Wir schaffen das!

Hilfe finden

Wenn du dich (oder jemand, den du kennst) in einer ernsthaften Krise befindest, gibt es viele Anlaufstellen, die dir helfen und dich unterstützen können. Scheue dich bitte nicht davor, dir helfen zu lassen. Auch ein Gespräch mit einer Ärztin oder einem Arzt deines Vertrauens kann dir weiterhelfen. Du bist nicht allein!

Wenn es sich um einen Notfall handelt, wähle bitte direkt den Notruf oder suche ein Krankenhaus auf.

Notrufnummern

112 für Deutschland und Österreich
sowie alle EU-Länder
144 für die Schweiz

Deutschland

Telefonseelsorge
Per Telefon: 0800 1110111 oder 0800 1110222
Per E-Mail oder Chat:
https://online.telefonseelsorge.de
24 Stunden erreichbar. Es können auch persönliche Termine vor Ort vereinbart werden. Die Beratung erfolgt, wenn gewünscht, anonym und vertraulich.

Nummer gegen Kummer
Für Kinder und Jugendliche per Telefon:
116 111
Für Eltern per Telefon: 0800 111 0 550
Online-Chat und Beratungszeiten einsehbar auf https://www.nummergegenkummer.de

Deutsche Depressionshilfe
Info-Telefon für Betroffene: 0800 33 44 533

Krisenchat
https://krisenchat.de
Für junge Menschen unter 25.
Kontakt über WhatsApp mit erfahrenen Krisenberatern.

Selbsthilfegruppen
in deiner Region findest du unter
https://www.nakos.de

204

Österreich

Telefonseelsorge
Per Telefon: 142
24 Stunden am Tag erreichbar, anonyme und kostenlose Beratung.
Beratung ist auch per Chat oder E-Mail möglich.
Alle Infos unter:
https://www.telefonseelsorge.at

Kindernotruf
Per Telefon: 0800 567 567
Für Kinder (und Eltern) in akuten Krisen sowie Konfliktsituationen.
24 Stunden am Tag erreichbar.

Bündnis gegen Depression Österreich
Online: https://www.buendnis-depression.at
Hier findest du zahlreiche regionale Hilfsangebote.

Schweiz

Die Dargebotene Hand – Krisentelefon
Per Telefon: 143
Beratung per E-Mail oder Chat unter:
https://www.143.ch
24 Stunden erreichbar, anonym und vertraulich.

Telefonhilfe 147
Per Telefon: 147
Rund-um-die-Uhr-Hilfe für Kinder und Jugendliche per Telefon, Chat oder E-Mail.
Die Beratung erfolgt kostenlos und anonym.
https://www.147.ch/de/

Danke

In seiner Dankesrede bei den Emmy Awards im Jahr 1997 sagte Mister Rogers, einer meiner größten Helden: „So viele Menschen haben diesen Abend für mich möglich gemacht. Manche von ihnen sind hier, manche sind weit weg, wieder andere sind sogar im Himmel. Wir alle haben Menschen, die uns durch ihre Liebe zum Leben erweckt haben."

So viele Menschen haben mich und dieses Buch durch ihre Liebe zum Leben erweckt.

An das unglaubliche Team von Murdoch Books: Jane, Julie, Megs, Melody und Carol – eure Unterstützung, euer Wissen und eure Begeisterung haben mir dabei geholfen, meinen Traum zu verwirklichen. Ein besonderer Dank geht an meine Lektorin Julie, die mich und mein Buch als kleinen Stein vorgefunden und uns zu einem Diamanten poliert hat. Mads – Danke für dein grafisches Talent! Du hast aus diesem Buch etwas Wunderschönes gemacht.

An die Menschen, die meine Arbeit unterstützt haben – die mir in den sozialen Medien gefolgt sind, meine Beiträge geteilt und gelikt oder mir nette Nachrichten geschickt haben. Eure Unterstützung bedeutet mir die Welt. Eure Leidenschaften und Projekte, euer Einsatz und unsere tiefgründigen Gespräche sind ein bedeutender Grund, wieso ich hoffnungsvoll in die Zukunft blicke.

An Mr. Doria, Mrs. Richards und Mrs. Benwell: Sie alle waren meine Lehrer und wissen möglicherweise gar nicht, welchen Einfluss Sie auf mich hatten, indem Sie mein Selbstbewusstsein und meine „lebhafte Persönlichkeit" wertschätzten, statt mich klein zu halten und zum Schweigen zu bringen. Mrs. Richards, Sie erinnern sich vermutlich gar nicht mehr daran, dass Sie in der 7. Klasse ein Exemplar meines ersten Buches verlangt haben. Diese Bemerkung habe ich 23 Jahre lang mit mir herumgetragen und jetzt dürfen Sie sich auf ein Paket freuen.

An meine Familie und alle meine Freunde, die mich angefeuert haben – Cint, Max, Dan, Tom, Claire, Candice, Garry, Bec, Onkel Mike und Tante Trish. Eine besondere Erwähnung: Dino und Diana für euren Pragmatismus, euer offenes Ohr und die vielen Desserts.

Sally O'Mally – meine beste Freundin, die mich besser kennt als ich mich selbst.

Jack und Bianca – ihr beiden seid zwei der hellsten Lichtpunkte in meinem Leben (außer wir spielen Brettspiele gegeneinander, dann schert euch zur Hölle). Louise – ich wünschte so sehr, dass du hier wärst, damit wir zusammen anstoßen könnten. Meine wunderschöne Bella, meine kleine Adoptivschwester, du machst diese Welt zu einem besseren Ort.

An Mr. Pug. Während ich dieses Buch geschrieben habe, habe ich dich verloren. Ich erwische mich dabei, nach dem Klickklack deiner Pfoten auf dem Parkett zu lauschen, während du mir folgst. Du warst der loyalste kleine Freund. Ich liebe und vermisse dich, Äffchen. Ally, dein Atem riecht fürchterlich, aber deine Umarmungen sind himmlisch. Joanie, deine Aufgewecktheit ist inspirierend.

Grandma, ich wünschte, wir hätten mehr Zeit gehabt, aber ich weiß, du schaust von oben auf mich hinab und feuerst mich an, während ich in deine Fußstapfen trete. Danke an dich und Grandpa, dass ihr eine so starke, kluge, liebenswerte Tochter großgezogen und mir geschenkt habt – meine Mum.

Mein Bruder Bear, Tom und mein Schwesterherz Terri – danke, dass ihr immer da seid, wenn ich euch brauche, egal ob für Unterstützung in den schlechten Zeiten oder gemeinsames Lachen in den guten. Und dafür, dass ihr meinen Kindern mit John und Gia so wundervolle Cousins geschenkt habt.

Mum und Dad. Ich habe keine Ahnung, welche kosmische Lotterie ich gewonnen habe, um euch als Eltern zu bekommen, aber seid euch sicher, dass ich jeden Tag dafür dankbar bin. Es gibt nicht genug Superlative, um euch zu sagen, wie viel mir eure Unterstützung und Liebe bedeuten.

Also belasse ich es damit: Ihr wart schon immer meine größten Fans, und ich hoffe, ihr wisst, dass ich auch euer größter Fan bin. Ich hätte dieses Buch ohne euch oder Roley nicht geschafft.

An meinen Komplizen, Mark: Du hast immer an mich geglaubt (auch wenn ich es selbst nicht getan habe). Du bist auf meine Erfolge stolz und liebst mich trotz meiner Macken. Die letzten 14 Jahre waren ziemlich verdammt großartig, und jetzt, wo wir unsere Träume gejagt haben, freue ich mich darauf, eine wundervolle Zukunft mit dir zu erschaffen. Ich liebe dich millionenfach.

Und zu guter Letzt … Lucy und Toby. Meine wilden Kleinen. Ihr seid beide so wunderbar seltsam, klug, liebenswert, neugierig, lebhaft, einfühlsam, abenteuerlustig und verdammt lustig. Meine Lebensaufgabe besteht darin, euch dabei zu helfen, so wunderbar seltsam zu bleiben, wie ihr seid. Denn die Welt braucht euch genau so, wie ihr seid! Ich liebe euch mehr als alles andere auf diesem Planeten, und ich bin so stolz, eure Mum zu sein.

Die in diesem Buch gewählten geschlechtlichen Formen beziehen sich immer zugleich auf weibliche, männliche und diverse Personen, denn natürlich sollen unsere Bücher allen Menschen Freude bringen. Wir haben bewusst zwischen der weiblichen, männlichen und einer offenen Schreibweise abgewechselt, um diese Herzensangelegenheit zu unterstreichen.

Quellenangaben:

Seite 50: „The Geography of Genius“ von Eric Weiner, erschienen bei Simon & Schuster, 2016; Seite 64: „The danger of a single story“, TED-Talk von Chimamanda Ngozi Adichie, veröffentlicht von TEDGlobal, 2009; Seite 72: „The Hero with a Thousand Faces“ von Joseph Campbell, erschienen bei Pantheon Books, 1949; Seite 90: „A theory of human motivation“ von Abraham Maslow, erschienen in Psychological Rewiew 50, 1943; Seite 118: Zitat von Anita Roddick, aus: „Anita The Agitator“ von Philip Elmer-Dewitt, erschienen in der TIME, 24. Juni 2001; Seite 120: „The 7 Habits of Highly Effective People“ von Stephen Covey, erschienen bei Free Press, 1989; Seite 139: “Wind Beneath My Wings” von Larry Hanley und Jeff Silbar, gesungen von Bette Midler, aus dem Album „Beaches: Original Soundtrack Recording“, erschienen bei Atlantic Records, 1989; Seite 182: Organisation „Every One Every Day“ von Tessy Britton, weareeveryone.org; Seite 202: „Untamed“ von Glennon Doyle, erschienen bei Random House, 2020.

Emily Ehlers ist Autorin, Illustratorin, Umweltschützerin und Naturliebhaberin. In ihrem erfolgreichen Instagram-Kanal @ecowithem verbindet sie Kunst und Aktivismus miteinander. Sie ist kurz davor, ihr Studium in Nachhaltiger Entwicklung und Internationaler Nothilfe zu beenden. Wenn sie gerade nicht arbeitet, ist sie damit beschäftigt, ihre zwei Kinder und ihren Ehemann durch den Garten zu jagen.

Titel der Originalausgabe: Hope Is a Verb. Six Steps to Radical Optimism When The World Seems Broken
Die Originalausgabe ist 2021 bei Murdoch Books, an imprint of Allen & Unwin, erschienen

Text und Illustration: Emily Ehlers
Übersetzung: Kristin Funk | www.tinteundgold.de
Gestaltung Cover: Grafisches Atelier, arsEdition GmbH
Grafische Gestaltung Innenteil: Daniela Schulz
ISBN 978-3-8458-4841-9
www.arsedition.de

FSC www.fsc.org MIX Papier aus verantwortungsvollen Quellen FSC® C018236